Die Berichte der
sächsischen Truppen
aus dem Feldzug 1806 (I)

Brigade Bevilaqua

Beiträge zur sächsischen Militärgeschichte zwischen 1793 und 1815

Heft 2

Abb. 1 - Faksimile / Teil des Berichtes des Premierleutnants
v.Hiller als Artillerieoffizer des Regiments Churfürst

Die Berichte der

sächsischen Truppen

aus dem Feldzug 1806 (I)

Brigade Bevilaqua

Bibliographische Information der Deutschen Biliothek

Die Deutsche Bibliothek verzeichnet diese Publikation in der Deutschen Nationalbibliographie; detaillierte bibliographische Daten sind im Internet über http://dnb.ddb.de abrufbar.

Die Deutsche Bibliothek – CIP – Einheitsaufnahme

Jörg Titze (Hrsg.)

Die Berichte der sächsischen Truppen aus dem Feldzug 1806 (I)

Brigade Bevilaqua

ISBN 978-3-7347-3542-4

Herstellung und Verlag:

Books on Demand GmbH, Norderstedt

Inhaltsverzeichnis

1.   Einleitung

Das Verhalten der Chursächsischen Truppen im Feldzug von 1806 ist im Werk Albert Montbés[1] über diesen Gegenstand ausführlich beschrieben.

Eine Hauptquelle Montbés waren die von höchster Stelle für den Zeitraum vom 08. Oktober bis zur Wiedereinrückung in die Standquartiere angeforderten Berichte[2] der jeweiligen Einheiten.

Die Berichte wurden fast ausschließlich noch im Jahre 1806 verfasst und stellen somit die Niederschriften sehr frischer Erinnerungen dar.

Erfreulicherweise ist ein großer Teil dieser Berichte im Hauptstaatsarchiv in Dresden noch vorhanden[3].

Eine weitere Quelle Montbés waren wahrscheinlich die Tagebücher der Regimenter, die neben verschiedenen Berichten – die zum Teil von der Endversion abwichen – der zur Berichterstattung aufgeforderten Offiziere auch die Schreiben an die anfordernde Stelle und weitere Deatails (u.a. die ausführlichen Verlustlisten der Kompanien) enthalten. Von diesen Tagebüchern hat sich

---

[1] A. von Montbé "Die Chursächsischen Truppen im Feldzuge 1806"

[2] Nach dem Befehl des kommandierenden Generalleutnants von Zezschwitz vom 04.11.1806 hatte jeder Offizier, der ein eigenes Kommando in diesem Feldzug geführt hatte, einen Bericht über seine und seines unterhabenden Kommandos Tätigkeiten in diesem Feldzug einzureichen. Form- und Inhaltsvorgaben scheinen nicht gemacht worden zu sein.

[3] Aktenbestand 11 339 Feldzug 1806

im Bestand des HStA Dresden bisher nur das des Regiments Churfürst auffinden lassen.

In diesem und den weiteren Heften sollen die von Montbé genutzten Quellen zugänglich gemacht werden, enthalten sie doch eine Fülle von Details, die in einem Gesamtwerk – wie z.B. dem Montbé'schen – keine Berücksichtigung finden können.

Ergänzt werden diese Quellen mit den zum besseren Gesamtverständnis notwendigen Ausführungen zur Ordre de Bataille, den Truppenorganisationen und -formationen.

Dem interessierten Leser wünsche ich eine spannende Lektüre.

Leipzig im November 2014

Jörg Titze

2. Die sächsischen Truppen im Feldzug von 1806

Zum besseren Verständnis ist nachfolgend die Zuteilung sächsischer Truppen zu den preußischen Großverbänden aufgeführt:

Kombiniertes preußisch-sächsischen Korps
Preuß. Generalleutnant Fürst zu Hohenlohe-Ingelfingen

Division der Avantgarde
preuß. Generalleutnant Prinz Ludwig von Preußen

Generalmajor von Bevilaqua

Regiment Prinz Clemens	1.+2.Bataillon
Regiment Churfürst	1.+2.Bataillon
4pfd. Batterie Hoyer	8 Geschütze
preuß. Regiment v.Müffling No.49	2 Bataillone
preuß. 6pfd. Batterie Riemann	

Generalmajor von Trützschler

Husarenregiment	8 Escadrons

2.Division des Linken Flügels
Generalleutnant von Niesemeuschel

Generalmajor von Burgsdorff

Regiment Prinz Xavier	1.+2.Bataillon
Regiment Thümmel	1.+2.Bataillon
Regiment Prinz Friedrich August	1.+2.Bataillon
8pfd. Batterie Hausmann	8 Geschütze
8pfd. Batterie Ernst	8 Geschütze

Generalmajor von Dyherrn

Regiment Bevilaqua	2.Bataillon
Regiment Low	1.+2.Bataillon
Regiment Niesemeuschel	1.+2.Bataillon
12pfd. Batterie Bonniot	8 Geschütze

Generalleutnant von Kochtitzky

Kürassierregiment Kochtitzky	4 Escadrons
Karabinier-Regiment	4 Escadrons
Chevauleger-Regiment Albrecht	4 Escadrons
Reitende Batterie Großmann	8 Geschütze

Generalleutnant von Polenz

preuß. Füsilierbataillon Boguslawski	
Chevauleger-Regiment Polenz	4 Escadrons
preuß. ½ reitende Batterie Studnitz	

Division der Reserve
pr. Generalleutnant von Prittwitz

Generalmajor von Cerrini

Grenadier-Btl. Thiollaz	(Xavier/Clemens)
Grenadier-Btl. Lecoq	(Sänger/Low)
Grenadier-Btl. Lichtenhayn	(Churfürst/Bünau)
Grenadier-Btl. Metzsch	(Friedrich/Thümmel)
Grenadier-Btl. Hundt	(Anton/Niesemeuschel)
Granat-Batterie Tüllmann	8 Geschütze

pr. Generalmajor von Krafft

preuß. Dragoner-Regiment Prittwitz 5 Escadrons

Chevauleger-Regiment Clemens   4 Escadrons

preuß. Reitende Batterie Hahn

Seitenkorps

preuß. Generalmajor von Tauenzien

Generalmajor von Schönberg

Gren.-Btl. aus dem Winkel   (Rechten/Maximilian)

Regiment Rechten   1.+2.Bataillon

Regiment Prinz Maximilian   1.+2.Bataillon

Granatbatterie Kotsch   8 Geschütze

Chevauleger-Regiment Johann 4 Escadrons

Allerding ist diese Ordre de Bataille nicht mehr als eine organisatorische Momentaufnahme und keine festgefügte und erprobte Einteilung. Es trafen noch am 09.10. – als Folge der permanenten Direktionsveränderungen – Truppen bei ihren Verbänden ein, auch waren – als ein weiteres Beispiel – bei der Division Niesemeuschel alle drei Brigade-Generäle am 09.10. noch nicht eingeteilt.

Der sächsische Quartiermeisterstab[4] fungierte auch genau nur als solcher (er fertigte also Marschrouten aus,

---

[4] Quartiermeister Major v.Egidy, Quartiermeister-Leutnant Ltn. Lehmann, Generalstabs-Wagenmeister Hptm. v.Bosse, 8 Ingenieure (Hptm. Henry; Leutnants Obenaus, Ulrich und Aster; Tranchee-Sergeanten Fischer, Kohler, Horrer, v.Brauchitzsch); Verpflegung Geheimer Kriegsrat v.Watzdorf; Medizin Generalstabs-Medicus Dr. Raschig.

kümmerte sich um Quartiere und Verpflegung) und überließ sämtliche Operationsplanungen dem preußischen Generalstab.

Jeder preußische Korpskommandeur hielt sich für befugt über sächsische Truppen zu verfügen, ohne die zwingend gebotene Rücksprache mit dem kommandierenden sächsischen General zu nehmen[5].

In den höheren preußischen Kommandoeinrichtungen sah man die sächsischen Truppen als Hilfsvölker, die man – unbekümmert der zwangsläufig eintretenden Folgen – von der Versorgung abschneiden, von den Mobilmachungsplätzen vertreiben und bei jeder Gelegenheit gegenüber den preußischen Truppen zurücksetzten konnte. Dies hinderte die preußischen Oberkommandierenden jedoch nicht daran, die Folgen dieses Verhaltens den Sachsen anzulasten.

Die inneren Zustände in der sächsichen Armee waren von denen denen in der preußischen nicht sonderlich verschieden.

---

[5] z.B. zog der General Rüchel das 2.Bataillon des Regiments Clemens ohne Rücksprache zum Garnisonsdienst nach Erfurt, ein Vorgang, dem er sich bei einem 2.Bataillon eines preußischen Regiments wohl schwerlich getraut hätte.

3.   Die Organisation und Formierung

3.1   Ein mobiles Infanterie-Regiments

3.1.1   Die Infanterie

Ein kursächsisches Infanterie-Regiment hatte folgenden Bestand:

Beim Stab:

1 Chef	1 Auditeur
1 Oberst	1 Rgt.s-Chirurgus
1 Oberstleutnant	2 Fahnjunker
2 Majors	1 Stabs-Chirurgus
1 Rgt.s-Quartiermeister	1 Profos mit Knecht
2 Adjutanten	14 Mann gesamt

Bei 10 Kompanien

7 Capitäns	10 Chirurgen
3 Stabs-Capitäns	80 Corporals
10 Premierleutnants	30 Tambours
12 Sousleutnants	20 Pfeifer
8 Fähndrichs	20 Zimmerleute
30 Sergeanten	300 Grenadiers
10 Fouriers	1200 Musketiers
	1740 Mann gesamt

In Summe 1.754 Mann.

Die zwei Grenadier-Kompanien formierten bei der Mobilmachung mit den 2 Kompanien eines anderen Regiments ein Grenadier-Bataillon zu 4 Kompanien.

Die verbleibenden 8 Musketier-Kompanien formirten 2 Bataillone zu je 4 Kompanien. Die Kompanie rangierte in 50 Rotten, das Bataillon somit in 200 Rotten.

Das Regiment zu 2 Musketier-Bataillons rangierte vom rechten zum linken Flügel wie folgt:

1tes Bataillon	1ste oder Leib-Kompanie
	5te Kompanie
	7te Kompanie
	2te oder Obersten-Kompanie
2tes Bataillon	3te oder Oberstleutnants-Kpn.
	6te Kompanie
	8te Kompanie
	4te Kompanie

Jedes Bataillon zerfiel in einen rechten und einen linken Flügel. Die Mitte des Bataillons bildete die Fahnensektion, die aus dem die Fahne tragenden Fahnjunker, zwei Offizieren und 8 Unteroffizieren bestand.

Im Feld wurden die Bataillone in 4 Divisionen[6], welche vom rechten zum linken Flügel mit 1ster, 2ter, 3ter und 4ter Division bezeichnet wurden, formiert.

Die Divisonen wurden wiederum jeweils in 2 Halb-Divisionen geteilt, die vom rechten zum linken Flügel mit 1ster, 2ter, 3ter ... bis 8ter Halb-Division bezeichnet wurden.

Hatten die Halb-Divisionen 20 Rotten und mehr, dann wurden sie nochmals in 2 Peletons geteilt, die dann – vom rechten Flügel beginnend – mit 1stem, 2tem, 3tem ... bis 16ten Peleton bezeichnet wurden.

---

[6] Im Idealfall entsprachen die Kompanien den Divisionen. Da aber die Rotten in den Divisionen gleich sein sollten, so wurden Rotten von den stärkeren an die schwächeren Kompanien abgegeben, um die Rottenanzahl zu egalisieren.

Unabhängig davon , ob die halben Divisionen Peletons formieren konnten oder nicht, zerfielen diese in Sektionen, die nicht weniger als 4 und nicht mehr als 6 Rotten haben sollten. Die Rottenanzahl in den Sektionen sollte dabei so egal wie möglich sein.

Jede Kompanie stellte 1 Unteroffizer und 10 Mann als Schützen, die je Bataillon von einen Schützen-Offizier befehligt wurden und die leichte Infanterie darstellten.

Jeder Grenadier oder Musketier führte in seiner Patronentasche 60 Schuss.

3.1.2 Die Regiments-Artillerie

Jedem Grenadier- und Musketier-Bataillon waren zwei leichte 4pfd. Kanonen beigegeben.

Zur Besetzung der Regimentsgeschütze wurden Offiziere, Unteroffiziere und Mannschaften vom Artillerie-Korps zu den Regimentern kommandiert, wobei die Artilleristen detachemenstweise von mehreren Kompanien gegeben wurden. Die Knechte und Pferde kamen erst mit der Mobilmachung zu den Detachements.

Der Bestand der Artillerie eines Regiments betrug:

1 Offizier
4 Unteroffiziere
40 Mann von der Artillerie

1 Schirrmeister
17 Knechte
35 Pferde von der Roßpartei.

4 Stück leichte 4-Pfünder
4 Stück 4pfd. Munitions- und Requisitenwagen
1 Infanterie-Patronenwagen

Jeder leichte 4-Pfünder führte 40 Kugel und 10 Kartätschschuss in seinem Protzwagen. Hierzu kamen in jedem 4pfd. Munitions- und Requisitenwagen noch 80 Kugel und 20 Kartätschschuss.

Der zweispännige Infanterie-Patronenwagen führte 480 Dutzen Flintenpatronen und 1000 Flintsteine.

Der leichte 4-Pfünder wog insgesamt 1.060 kg, der 4pfd. Munitions- und Requisitenwagen 1.200 kg

3.2 Eine mobile 4pfd. Fußbatterie

Eine Feld-Fußbatterie wurde generell aus 8 Geschützen formiert. Dabei kamen entweder 2 Wurfgeschütze auf 6 Kanonen oder 2 Kanonen auf 6 Wurfgeschütze.

Die Artilleristen zu einer Batterie wurden detachmentsweise von verschiedenen Kompanien gegeben. Die Knechte und Pferde kamen erst mit der Mobilmachung zu den Batterien.

Eine mobile Batterie bestand generell aus:

1 Capitän	1 Feuerwerker
1 Premierleutnant	7 Corporals
1 Sousleutnant	1 Tambour
1 Stückjunker	2 Zimmerleuten
1 Fourier	11 Ober-Kanoniers
1 Feldscheer	69 Unter-Kanoniers
1 Kanonier-Sergeant	98 Mann Artillerie gesamt

1 Wagenmeister   2 Wagenbauer
2 Schirrmeister   1 Schmiedegeselle

Dazu kamen die zur Bespannung notwendigen Knechte und Pferde.

Bei einer schweren 4pfd. Batterie waren dies 51 Knechte und 102 Pferde, die an Material bespannten:
6 Stück schwere 4pfd. Kanonen
2 Stück 4pfd. Granatstücke
6 Stück 4pfd. Munitons- und Requisitenwagen
2 Stück 4pfd. Granatwagen
1 Stück Decken- oder Requisitenwagen
3 Stück Fouragewagen
1 Stück Proviantwagen

Kanonen und Fouragewagen wurden sechsspännig, alle anderen Fahrzeuge aber vierspännig gefahren.

Die Artilleristen waren am unbespannten Geschütz einexerziert. Ein Exerzieren mit der bespannten Batterie hatten nur wenige Artilleristen mit gemacht. Die Knechte, die erst mit der Mobilmachung in die Batterien gekommen waren, hatten vom Exerzieren einer bespannten Batterie überhaupt keine Vorstellungen.

Jeder schwere 4-Pfünder führte 40 Kugel und 10 Kartätschschuss in seinem Protzwagen. Hierzu kamen in jedem 4pfd. Munitions- und Requisitenwagen noch 80 Kugel und 20 Kartätschschuss.

Jedes 4pfd. Granatstück führte 30 geladenen Granaten, 12 Kartätschen und 6 Brandkugeln sowie 48 Ladungen in seinem Protzwagen. Hierzu kamen in jedem 4pfd.

Granatwagen 63 geladenen Granaten, 25 Kartätschen und 12 Brandkugeln sowie 100 Ladungen.

Der schwere 4-Pfünder wog insgesamt 1.200 kg, der 4pfd. Munitions- und Requisitenwagen auch 1.200 kg.

Das 4pfd. Granatstück wog insgesamt 1.260 kg, der 4pfd. Granatwagen 1.200 kg.

3.3   Organisations- und Formierungsvorschriften

3.3.1 Infanterie

Für die Infanterie galten:

a) das Dienstreglement im Lande und im Felde vor Dero Infanterie-Regimenter vom Jahre 1753

b) das Exerzierreglement für die Churfürstlich Sächsische Infanterie vom Jahre 1804

c) der Unterricht für die Scharfschützen bei der Churfürstlich Sächsischen Infanterie vom Jahre 1804[7]

3.3.2 Artillerie

Für die Artillerie gab es derartige gedruckte Vorschriften bis zum Jahr 1810 nicht.

Dennoch gab es natürlich handschriftliche Vorschriften, so z.B. vom Generalmajor v.Pfeilitzscher für die Regiments-Artillerie vom Jahre 1778.

---

[7] Heft 17 dieser Reihe

4.   Die Berichte

Teil I   Infanterie-Regiment Churfürst   enthält

Schreiben an den General v.Zezschwitz vom 28.11.1806

Bericht Regiment – Oberstleutnant von Hartitzsch

Verlustanzeige Offiziere gesamt

Verlustanzeigen Unteroffiziere und Mannschaften
        kompanieweise

Fragment eines Berichtes, das Regiments betreffend

Bericht 1tes Bataillon – Major von Zeschau

2 Berichte 2tes Bataillon – Major von Steindel

Bericht Schützen 2tes Bataillon – Leutnant von Egidy

Bericht Artillerie – Leutnant von Hiller

Teil II   Infanterie-Regiment Prinz Clemens enthält

Bericht 2tes Bataillon – Major Kändler

Bericht 2tes Bataillon – Capitän von Römer

Bericht Artillerie – Leutnant Essenius

Teil III schwere 4pfd. Batterie von Hoyer   enthält

Bericht Batterie – Capt. v.Hoyer, Leutnants v.Roth und
        Hirsch, Stückjunker Weise

Teil I

Infanterie-Regiment Churfürst

Schreiben an den Generalleutnant v.Zezschwitz vom 23.11.1806 – Oberstleutnant von Hartitzsch

Von dem unter Comando habenden Infanterie-Regiment Churfürst überreiche ich anbei Ew. Hochw. das anbefohlene Tagebuch vom 8^n Octbr. d.J. bis zur Einrückung in die Staabsquartiere, nebst einem Rapport des Majors von Steindel im Original, und ist dieser Staabsofficier nachdem das Tagebuch schon gefertiget, nur wieder beim Regiment aus der Gefangenschaft eingetroffen.

Zugleich verfehle ich nicht, Hochdenselben folgendes pflichtmäßig und ganz gehorsamst anzuzeigen.

Ich habe alle Ursache das gute Benehmen des Regiments in den Gefechten sowohl als auch überdieß rühmlichst zu erwähnen, um dasselbe den Geiste zuzuschreiben welcher im Ganzen in diesem Regiment herrscht und sich vom Officiers-Corps über die übrigen Theile verbreitet. Besonders aber habe ich dasselbe der thätigen Unterstützung – ich schmeichle mir ebenfalls das Meine beigetragen und meine Pflicht erfüllt zu haben – der dabei angestellten Majors von Steindel und von Zeschau, welche durch ruhige Entschlossenheit und durch ihr muthvolles Betragen mit dem besten Beispiele vorgingen, zu verdanken. Das Benehmen der beiden Divisionen so unter Major von Steindel bei Saalfeld gestanden, beweisen, was ein braver Commandeur seiner Truppe für Kaltemanir einflößen kann, und dem Major von Zeschau kann ich pflichtmäßig bezeigen, daß er sich während der Affaire bei Saalfeld als auch in der Bataille bei Jena immer da aufhielt wo Gefahr war und daß er die gehörigen Mittel anwendete, seinen Muth auf sein unterhabenes Bataillon überzutragen.

Ungerecht würde ich sein, wenn ich von den in den Gefechten eingetheilten Officiers welche ausheben wollte, denn bei Ehre und Pflicht muß ich versichern, daß mir von Allen so dabei gegenwärtig waren keiner vorgekommen ist, der nicht mit ruhigem Muthe seinen Untergebenen vorgegangen und mit Anstrengung beigetragen hätte, die gehörige Ordnung zu unterhalten.

Dem Artillerie-Officier P.Lt. v.Hiller muß ich bezeigen, daß er sehr gut schoß. Auch hat mir der Hauptmann von Boblick gemeldet, daß der Unt.Offc. so das Canon auf seinem rechten Flügel commandirt, ebenfalls gut geschossen und sich im Ganzen gut benommen, daß hingegen der Unt.Offc. so das ihm links stehende Canon commandirt, sich weniger gut benommen hätte.

Die Namen dieser Unt.Offc. weiß ich nicht anzugeben, denn am 9^n auf dem Marsch erhielten wir das Geschütz und den 10^n verlohren wir es schon wieder, woran weder das Regiment noch die Artillerie die Schuld trug und welches nach den Umständen, die zu bekannt sind, nicht anders sein konnte.

Veranlasst sehe ich mit die guten Anstalten, welche der Rgts. Chirurgus Günz, ohne auf Gefahr zu achten, zum Verbinden in den Gefechten getroffen hat, Ew. Hochw. anzurühmen, und es würde gewiß mancher Soldat erhalten werden wenn durchgängig die Chirurgen so handelten wie die Unsrigen, durch ihren Vorgesetzten ermuntert und angehalten, gehandelt haben.

Viel Freude macht es mir Ew. Hochw. versichern zu können, daß die Officiers Subjecte sich alle würdig gezeigt haben in ein Officiers-Corps zu treten wie das vom Rgt. Churfürst Infant. ist. Die Bravour des Fahnj. v.Wolfersdorff habe ich Ew. Hochw. schon zu schildern die Ehre gehabt.

Der Fahnj. v.Kaufberg der die Fahne des 1^n Bataillons trug benahm sich bei allen Gelegenheiten, sowohl in den Gefechten als auf den beschwerlichen Märschen, als ein braver Mann, dem kein Opfer seine Pflicht zu erfüllen zu groß ist.

Die andern jungen Leute, v.Reibold, v.Bockhuusen u. v.Mandelsloh, so jung die letzten beiden auch sein, ließen nicht nur nicht die mindeste Furcht spüren, sondern äußerten sogar eine Ruhe, welchen den wahren Muth charakterisiert, und ertrugen alle Strapazen willig und gern.

Verschiedene Unt.Offc. und Gemeine könnte ich Ew. Hochw. namhaft machen so sich vortheilhaft ausgezeichnet haben, und werden die Officiers des Rgts sich bestreben diesen Leuten ihre Achtung über das Wohlverhalten durch eine vorzüglichere Behandlung zu beweisen, so wie im Gegentheil alle diejenigen so unbewaffnet und ohne Blessur zurückgekommen, bestraft worden sein.

Der Fall aber, daß aus der Gefangenschaft entlassene Mannschaft glaubte, sie wäre der Pflicht gegen das Rgt. entbunden, ist bei dem unterhabenden Rgt. nicht vorgekommen.

Nicht ganz zufrieden war ich mit den Officiers so zur Equipage auf der Retraite von Jena commandirt waren, denn ich hatte, als selbige von da zurückgesandt werden musste, den Fähnd. v.Landsberg mit der Lagerwacht von 30 Mann, zu Bedeckung derselben, und den Fähnd. v.Roeder zu Führung der Packpferde commandirt.

Ich verfehle nun Ew. Hochw. nicht daß die Equipage von Marodeurs geplündert wurde und da solches geschehen, so habe ich diese Officiers zur Verantwortung gezogen, welche sich dann auch dadurch gerechtfertiget daß sie erwiesen: sie wären oft durch Preuß. Colonnen durchschnitten und dabei endlich getrennt worden, und der Fähnd. v.Landsberg sei mit seiner Bedeckung von Preuß. Dragonern gewaltsam vom Stabswagen abgeschnitten worden, sodann die Plünderung dieses Wagens in einem Augenblick geschehen gewesen. Die Rechtfertigung dieser Officiers ist mir um so lieber, da sie sich übrigens Beide gut benommen und brauchbar sein.

Endlich muß ich noch Ew. Hochw. ganz gehorsamst anzeigen, daß ein einziger Officier des Regiments, der Pr.Lt. v.d.Lühe den Schein von sich gegeben daß es ihm an Muth fehle, denn er trat als die Affaire von Saalfeld angehen sollte, mit dem Vorgeben daß er krank sei, aus, und wir habe ihn bei unserer Zurückkunft in Weißenfels erst wieder gefunden.

Wahr ist es zwar, daß dieser Officier oft kränklich gewesen und daß wir ihn krank in Weißenfels antrafen, da man aber, ob er wirklich krankheitshalber hat austreten müßen, nicht zu untersuchen im Stande, so kann derselbe auch nie wieder die nöthige Achtung erlangen und ferner im Regiment dienen, welches ihm auch sogleich angedeutet worden.

Uebrigens kann ich nicht bergen, daß ich mich über das Betragen des Pr.Lt. v.d.Lühe verwundern müßen, da er sich in allen übrigen Verhältnissen als ein ehrliebender Mann benommen hat und da ihn die Klugheit allein gebieten müßte seine politische Existenz nicht selbst zu vernichten, da er kein Vermögen besitzt und Familie hat, und in Hinsicht der Letzteren unterstehe ich mich für diesen Mann, oder für seine Familie um Ew. Hochw. Gnade, deren sie bedürfen, anzustehen.

———

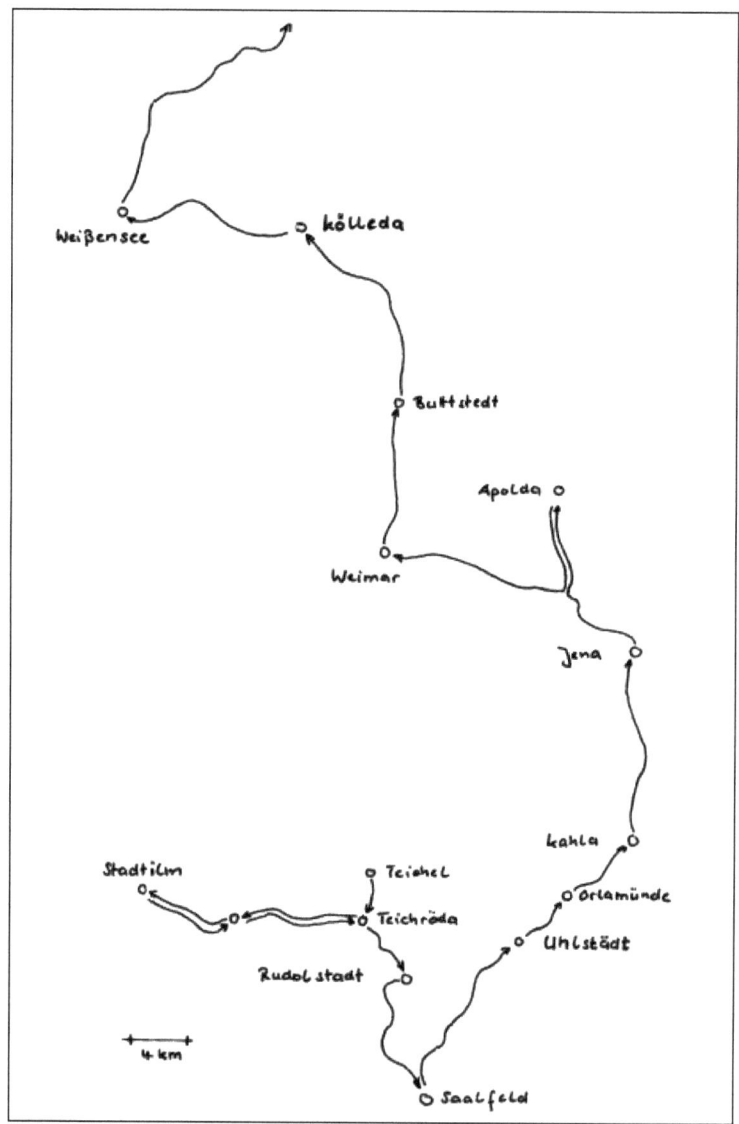

Abb. 2   Marsch des Regiments Churfürst vom 08.–15.10.1806

Bericht Regiment – Oberstleutnant von Hartitzsch

Tagebuch vom Infanterie-Regiment Churfürst, vom 8ten October 1806 bis zur Einrückung in die Standquartiere, nebst beygefügter Relation des Gefechts bey Saalfeld, und der Schlacht bey Jena, insofern das Regiment daran Theil genommen und darüber berichten kann.

Den **8ten** October 1806 rückte das Infanterie-Regiment Churfürst, nachdem es den Befehl hierzu von Sr. Durchl. den Fürsten von Hohenlohe-Ingelfingen, durch Courier erhalten, und Tags zuvor Nachtquartier in Teucheln, Teichröden und Teichweiden gehabt hatte, nach der Stadt Ilm, allwo auch der Commandant, Prinz Louis Ferdinand von Preussen, Königl. Hoheit, eintrafen, und ihr Hauptquartier nahmen. Drey Compagnien des Regiments wurden detaschirt, und zwar eine nach Ober-Ilm, eine nach Gesselborn, und eine nach Hammerfeld. Die ganze Avantgarde, ausgenommen der zur Beobachtung der vorwärts gegen Franken liegenden Defiléen postirt stehenden Husaren-Detaschements und bey Saalfeld liegenden Füßelier-Bataillons formirten sich an diesem Tage in der Gegend der Stadt Ilm.

Den **9ten**: Gegen Mittag überbrachte der Hauptmann von Valentini vom Preussischen Generalstaabe die Nachricht, dass die vorpostirten Husaren-Detaschements sehr gedrängt würden.

Ihro Hoheit der Prinz Louis befahlen daher, dass die Linien-Infanterie der Avantgarde, bestehend aus zwey Preussischen Bataillons Müffling, zwey Bataillons Churfürst und zwey Bataillons Clemens sogleich nach Rudolstadt marschiren sollten.

Das Regiment brach diesem Befehl zufolge sofort auf, hatte sein Rendezvous in Ehrenstein, und marschirte über Renda, Teichröden nach Rudolstadt, wo es Abends 10 Uhr ankam, und wo bereits das Regiment Clemens und Prinz Xavier, welches an diesen Tage zur Avantgarde gestoßen, eingerückt waren. Vom letztern war jedoch ein Theil, so wie das Regiment Müffling, auf die Dörfer verlegt worden.

Kurz vor dem Abmarsch aus der Stadt Ilm erhielt das Regiment seine Artillerie, und nahm sie mit sich.

Auch hat dasselbe daselbst auf drey Tage Brod gefasst, worüber es jedoch nicht quittirt hat, und welches von der Mannschaft, seiner schlechten Beschaffenheit und üblen Bestandteile wegen, meist weggeworfen worden.

Den 10ten gegen Morgen ging der Befehl ein, dass das Corps halb sieben Uhr marschiren sollte, und zur bestimmten Zeit rückten die in der Stadt stehenden Bataillons aus, mussten aber lange auf die detaschirten Truppen warten, und gleichwohl noch vor Ankunft des Regiments Müffling, welches eigentlich die Tete haben sollte, abmarschiren.

Die Marschordnung war folgende: 5 Escadrons Sächsische Husaren, die Schützen von allen 6 Bataillons, die erste Division von Churfürst zur Unterstüzung der Schützen, 2 Bataillons Churfürst, 2 Clemens, 2 Xavier; die vierpfündige Batterie von Hoyer war bey Clemens eingetheilt. Alles war rechts abmarschirt, und der Marsch ging auf der Chaussée nach Saalfeld, in einem entschlossenen mehr raschen Schritte vorwärts, denn man hörte schon vorne plänkeln.

Als die Colonne gegen Saalfeld kam, so waren die vorwärts gestandenen Husaren und Füßelier-Detaschements zurück, und bis hinter Saalfeld geworfen, wo sie sich formirt hatten, und aufmarschirt standen. Eine Preussische Batterie war bereits dicht an Saalfeld, rechts auf der Straße nach Rudolstadt aufgefahren, und in vollem Feuer. Der Feind zog sich, Saalfeld rechts lassend, am Fuße der Bergkette hin – auch über das Gebürge sind feindliche Colonnen marschirt – welche am linken Saal Ufer fortläuft, und die sich von Schwarza von dem Fuße ab- und bogenförmig nach Saalfeld wendet, wodurch zwischen diesen Punkten das Defilée, in welchem die Saale fließt, und der Weg von Rudolstadt nach Saalfeld läuft, sich erweitert, und eine ziemlich freye Gegend, die aber durch hohle Wege und Schluchten durchschnitten ist, bildete. Am Fuße dieser Gebürgskette zeigten sich, als wir Saalfeld bald erreicht hatten, feindliche Cavallerie-Trupps, in unserer rechten Flanke, und es wurde daher folgendergestallt en Ligne aufmarschirt.

Das Regiment Churfürst marschirte successive rechts auf; die Artillerie vom Regimente deckte den Aufmarsch und feuerte sehr gut. Das Regiment Clemens, was in der Colonne nun folgte, marschirte zugleich Bataillonsweise rechts auf, wodurch sein zweytes Bataillon den rechten Flügel bekam; und das Regiment Xavier marschirte durch denselben Aufmarsch links von Clemens und zwischen diesem Regimente und Churfürst auf. Ein Bataillon Müffling, welches uns bereits eingeholet, setzte sich zur Reserve hinter das 2te Bataillons Clemens. Das 2te Bataillon Müffling war bey Schwarza zur Replik und zur

Communication mit Blankenburg, wo der zur Avantgarde mit gehörende Generalmajor von Bellet mit 1 ½ Füselier-Bataillons und 10 Escadrons Husaren, detaschirt stand, welcher jedoch nicht zum Gefecht eingetroffen ist, stehen geblieben.

Nach erfolgtem Aufmarsch marschirte der General Mayor v.Bevilaqua mit den Regimente Clemens, dem Bataillon Müffling und der Batterie Hoyer rechts ab, und besetzte die Höhen bey Unter-Wirrbach etc. zu gleicher Zeit erhielt das Regiment Churfürst den Befehl, durch Saalfeld zu gehen, und sich auf der andern Seite zu setzen. Es marschirte deshalb links ab, erhielt aber auch noch ehe es mit der Tete die ersten Häuser erreichte, den Befehl, umzukehren, und zu Deckung der angeführten preußischen Batterie, auf der Höhe von Saalfeld sich zu placiren, wo es denn hinter derselben aufmarschirte. Aber auch hier blieb es nicht lange; denn da die Oeffnung zwischen der Batterie, und dem Regiment Xavier, welches etwas vorgerückt, in die Linie jener Batterie zu groß war, so blieb, einem erhaltenen Befehle gemäß, nur der Commandeur des 2ten Bataillons Major v. Steindel mit dem linken Flügel des Bataillons zur Deckung der Batterie, zu welchem Zweck auch links derselben die Füseliers sich gesetzt hatten, stehen; und ich marschirte mit dem 1sten Bataillon von dem Mayor von Zeschau geführet, und dem rechten Flügel des 2ten Bataillons unter dem Hauptmann von Boblick rechts ab, und wir setzten uns erst zu Beobachtung einer kleinen Schlucht zwischen Xavier und der Batterie, und zogen uns dann noch mehr rechts an

Xavier, und ließen nur die Schützen des 2ten Bataillons in jener Schlucht stehen.

Hierauf befahlen Ihro Königl. Hoheit, der Prinz Louis, dass Bataillonsweise vom rechten Flügel en Echallon avancirt, die Direction links verändert, und der Feind attakirt werden sollte.

Dem zufolge traten beyde Regimenter diese Attake an. Da wir aber das Terrain, ungeachtet großer Intervallen zwischen den Bataillons, die rückwärts durch Escadrons gedeckt waren, nicht gehörig ausfüllen, und die feindliche linke Flanke gewinnen konnten, der Feind hingegen sich immer mehr in unserer rechten Flanke ausbreitete, so war dieses Avanciren mit einem beständigen Rechtsziehen begleitet. Und als wir weiter vorkamen, fing das Terrain an sich gegen den Berg zu erheben, und wurde immer durchschnittener, wodurch die feindlichen Tirailleurs Gelegenheit bekamen, uns Leute zu blessieren. Auch hatte der Feind nunmehr Batterien aufgeführt, und beschoß mit einer auf seinem rechten Flügel stehenden, das unterhabende Regiment en Echarpe, welches sich jedoch nicht im mindesten dadurch aufhalten, sondern ohne das geringste Stocken und mit wahrer Entschlossenheit, wie auf dem Exercierplatze vorrückte. Auf einmal wurde angehalten, es entspann sich bey einem nebenstehenden Bataillon ein klein Gewehrfeuer, welches jedoch keine Dauer hatte; und die Retraite – durch welche Veranlassung kann man nicht bestimmen – wurde angetreten, wodurch das Regiment Churfürst ebenfalls veranlasst wurde, sich zu retiriren.

Da man aber bemerkte, dass es ein Irrthum sey, so machte das Regiment wieder Halt, und Front, und ließ die 4te Division vom 1sten und den rechten Flügel vom 2ten Bataillon in die linke Flanke setzen, bis es kurz darauf zur wirklichen Retraite den Befehl bekam, welche in dem gewöhnlichen Ordinärschritt und mit aller Ordnung bewerkstelligt wurde. Bey dieser Retraite wurde, wahrscheinlich ohne Absicht und zufällig, die Direction wieder rechts verändert, und durch diese Zurückziehung und Directionsveränderung bekamen die feindlichen Tirailleurs Gelegenheit, das Dorf Grösten zu besetzen, welches in unserer rechten Flanke und zwischen uns und den von Generalmajor Bevilaqua besetzten Höhen lag.

Während der Retraite noch erhielt das Regiment Churfürst den Befehl, Grösten wieder wegzunehmen, und es machte zu dem Grunde links um, und marschirte im stärksten Schritt bey dem Regimente Xavier vorbey, auf benanntes Dorf zu. In das Dorf führte von der Seite, wo das Regiment herkam, ein einziger Weg, welches ein tiefer Hohlweg war, durch welchen nur rottenweise marschirt werden konnte.

Die erste Division, welche zum Angriff befehligt war, drang zwar ein, fand aber Widerstand, und dies verursachte bey dem nachfolgenden Theile der sich bereits in dem Hohlweg befand, ein Stocken. Kaum aber kannte man die Ursache dieses augenblicklichen Haltens, so entschlossen sich die Leute, von ihren Officiers dazu ermuntert und angeführt, den Hohlweg herauszusteigen, und grade, ohne zu schiessen mit dem Bajonet drauf los zu laufen, wodurch die feindliche Infanterie veranlasst wurde, Grösten und die daherumlaufende Gründe in grosser Eile zu verlassen, und von Regimente einige hundert Schritt hinaus verfolgt wurde, wo sich das Regiment auf einer Wiese wieder formirte, und halten blieb; da aber das Regiment vortheilhafter postirt stand, wenn es sich ganz ans Dorf, und hinter den Tiefweg setzte, durch welchen wir gekommen waren, und welcher sowohl ins Dorf, als auch bey demselben vorbey ins Gebürg führte, so setzte wir uns hinter selbigen, und detaschirten zur Deckung der rechten Flanke drey halbe Divisionen vom rechten Flügel des 1sten Bataillons nebst einer Canone, in die Verlängerung dieses Wegs hinter einige aus dem Gebürg kommende Schluchten.

In dieser Stellung blieben wir einige Zeit, vielleicht eine Stunde stehen, und das Feuer ließ nach, und verwandelte sich bloß in ein Tirailleurfeuer von beyden Seiten, welche Zeit der Feind anwenden mochte, mehrere Truppen herbey zu ziehen, und welche wir nicht besser hätten benutzen können, da wir von der Übermacht des Feindes überzeugt seyn musten, und da uns derselbe zuvorgekommen, und die Vortheile des Terrains gewonnen hatte, wir auch von dem sechs Stunden rückwärts stehenden Corps des Fürsten von Hohenlohe nicht unterstützt werden konnten, als wenn unser Rückzug über Rudolstadt gegen genanntes Corps, welcher in unserer Lage nur auf einem Wege bewerkstelligt werden konnte, angetreten worden wäre.

Auf einmal attakirte aber der Feind mit Übermacht auf allen Seiten, und griff sowohl den rechten Flügel unter den Generalmajor Bevilaqua, als auch den linken, wo sich S^{r}. Königl. Hoheit der Prinz Louis selbst aufhielten, an.

Auch die drey rechts und einzeln stehenden halben Divisionen des Regiments wurden zugleich heftig angegriffen und geworfen, und da sie sogleich umgangen, und sowohl von den rechts stehenden Truppen, als auch von Grösten abgeschnitten wurden, so blieb ihnen nichts übrig, als sich gerade rückwärts gegen die Saale zu ziehen. Sie haben sich zwar einigemale gesetzt, doch aber weiter nichts erlangt, als dass sie meist zersprengt worden sind.

Nachdem auch die übrigen fünf halben Divisionen des 1sten, nebst dem rechten Flügel des 2ten Bataillons aus dem Dorfe gedrängt waren, und der Übermacht weichen musten, da der Feind von vorne und von beyden Seiten eindrang, so zogen sie sich über eine Wiese, um die Chaussée nach Rudolstadt zu erreichen, allein feindliche Kavallerie hatte bereits den Weg dahin abgeschnitten; die Cavallerie und die übrigen Bataillons von uns hatten schon die Saale erreicht, und solche zum Theil durch wadet. Wir waren die letzten auf dem Schlachtfelde, und alle Versuche, sich nochmals zu setzen, waren daher fruchtlos; wir wurden gleichfalls vom Feinde so gedrängt, dass wir uns zu demselben Rettungsmittel entschließen, und durch die Saale gehen musten.

Am rechten Ufer derselben repliirten wir uns auf den sich gleichfalls retirirenden kleinen Rest des Preußischen Füselier-Bataillons von Rabenau, erstiegen mit solchem die waldigten Anhöhen am rechten Saalufer, und marschirten noch immer, von feindlichen Tirailleurs verfolgt, über Perlipp und Culm, wendeten uns sodann wieder nach Rudolstadt, gingen über die daselbst befindliche Brücke auf das linke Saalufer, und schlugen den Weg nach Uhlstädt ein. Kaum war das Regiment eine halbe Stunde von Rudolstadt entfernt, so wurde solches auch wieder von feindlicher Kavallerie verfolgt, die jedoch nichts unternahm, da sich eine Escadron Sächsischer Husaren auf einer Wiese daselbst gesetzt hatte. Gegen 10 Uhr kamen wir bey Orlamünde an, wo wir das Preußische Grenadier-Bataillon von Hahn am Fuße des Berges bivouaqirend fanden; wir rückten nebst mehrern Versprengten von Regiment Xavier und Clemens in die Stadt, besetzten den Ausgang nach dem Feinde zu gehörig und übernachteten hier bis um 3 Uhr.

Von den zur Deckung der Preussischen Batterie auf den linken Flügel stehen gebliebenen zwey Divisionen unter dem Major von Steindel, kann ich nach den Berichten der dabey eingetheilt gewesenen Officiere folgende Relation abstatten.

Diese Divisionen sind das ganze Gefecht über bey der Batterie geblieben, und mit derselben etwas vorgerückt gewesen, und heftig beschossen worden. Gegen Ende des Gefechts haben sie sich mit der Batterie auf die Rudolstädter Straße zurückziehen sollen, auf welcher sie denn auch eine kurze Strecke bis Wehlsdorf gekommen sind, wo die Batterie in einen Hohlweg nicht gut hat fortkommen können, weshalb der Major hat halten lassen.

In dieser Gegend nun ist der größte Theil unserer Cavallerie, welche im ganzen nur aus Escadrons Husaren bestand, zusammengezogen gewesen, und hier hat die feindliche Cavallerie die beyen Divisionen des Regiments angegriffen, welche durch das muthvolle Benehmen ihres Commandeurs angefeuert, die seltene Contenance bewiesen haben, im Anschlage mit der gehörigen höhern Richtung der Gewehre auf die Brust des Reuters liegen zu bleiben, bis die Cavallerie 40 bis 50 Schritt heran gewesen, und der Major Feuer commandirt hat, wodurch viele Cavalleristen gefallen sind, und worauf die feindliche Cavallerie sogleich umgekehrt ist.

Nun hat unsere Cavallerie nachgehauen, ist aber von einer zweyten Cavallerie-Linie geworfen worden, und hat sich nun selbst gerade auf diese zwey Divisionen gestürzt, und mit unserer Cavallerie zusammen ist auch die feindliche mit eingeritten, und dadurch wurden diese beyden Divisionen theils gefangen, theils versprengt, und sehr zusammen gehauen.

Bey diesem Gefecht hat das Regiment Verlust gehabt an:

Todten auf dem Platz : 1 Unteroffizier, 14 Gemeine. Zusammen 15 Mann

Blessirten : Premier-Lieutenant von Krafft, die Seconde-Lieutenants v. Keilschütz d.2te und v. Marschall, 7 Unteroffiziere, 1 Tambour, 108 Gemeine. Zusammen 119 Mann.

Gefangen : ein Major von Steindel, zwey Capt. agg. Major von Luttitz, Capt. von Scheubner (beyde bleßirt), zwey Premier-Lieutenants, v. Strauwitz, v. Bernewitz, ein Seconde-Lieutenant v. Egidy (bleßirt), zwey Fähndrichs von Zedtwitz, von Scheubner (beyde bleßirt), ein Fahnenjunker v. Wolfersdorff (bleßirt), neun Unter-officiere, zwey Chirurgi, 141 Gemeine Zusammen 161 Mann.

Vermißte : 5 Unterofficiere, 3 Pfeiffer, 5 Tambours, 3 Zimmerleute, 131 Gemeine. Zusammen 147 Mann.

Von den Gefangenen haben sich viele wieder selbst ranzionirt, und von den Vermißten, worunter man die gezählt, von welchen man keine bestimmte Auskunft hatte, und wovon einige geblieben und gefangen worden, sind ebenfalls die meisten eingetroffen, wie die sämmtlichen Rapporte erweisen.

Nach den Officieren schossen die feindlichen Tirailleurs am meisten, und fast alle haben Schüsse durch Kleidungsstücke erhalten. Mir wurde der Steigbügel weggeschossen und mein Pferd bleßirt; des Majors v. Zeschau Pferd bekam drey Wunden, wovon es liegen blieb, auch der Adjutant von Wolfframsdorf verlor ein Pferd.

Den **11ten** : um bemeldete Stunde früh um 3 Uhr brach der Theil des Regiments, der zuletzt das Schlachtfeld verlassen hatte, von Orlamünde auf, setzte den Marsch nach Kahla fort, und traf vor dem Thore daselbst mit Anbruch des Tages ein. Der Major von Zeschau, welcher zu S^r. Durchlaucht, dem Fürsten von Hohenlohe geritten war, um selbigem die Ankunft dieses Theils des Regiments zu melden, und dessen weitere Befehle einzuhohlen, erhielt von S^r. Durchl. die ausgezeichnetsten Zusicherungen von Höchst dessen Zufriedenheit mit dem Wohlverhalten des Regiments bey dem Gefechte des vorigen Tages. Zugleich befahlen Sr. Durchl., daß das Regiment nach Jena marschiren, und sich einstweilen jenseits der Stadt an den Weimarschen Straße hinter das Bataillon Bevilaqua setzen sollte, woselbst es auch gleich mit Brodt und Lebensmitteln versorgt, und alles angewendet werden würde, daß es sich erholen, und einige Tage Ruhe genießen könnte. Auf dem Marsch begegneten S^r. Durchl. dem Regiment in der Gegend von Rothenstein, und wiederholten gegen mich dieselben Äußerungen.

Nachmittags entstand ein falscher Lärm, der nicht nur die Truppen, sondern auch das Hauptquartier in Bewegung brachte; bey dieser Gelegeheit setzte sich das Regiment, welches sich wegen des starken Abganges in ein Bataillon formirt hatte, neben das zweyte Bataillon von Rechten, welches neben dem Bataillon Bevilqua aufmarschirt war.

In dieser Stellung bivouacqirte es in dieser Nacht, ohne das versprochene Brodt und Lebensmittel zu erhalten.

Der Adjutant von Wolfframsdorf, der sich mit einiger Mannschaft von den zwey Compagnien des linken Flügels vom 2ten Bataillon bey der auf selbige erfolgte Cavallerie-Attacke gerettet, und bis gegen Weimar zurück gezogen hatte, traf mit selbiger wieder in dieser Nacht beym Regiment ein.

Den **12ten** October setzte sich das ganze bey Jena eingetroffene Corps in Bewegung, um in die Position auf die Schnecke zu rücken; das Regiment Churfürst marschirte ebenfalls in dieser Absicht rechts ab, als es aber bereits auf der Schnecke angelangt war, erhielt es den Befehl, nach Herrnstädt bey Apolda zu rücken. Hier trafen die Versprengten von den in dem Gefecht bey Saalfeld rechts von Grösten detaschirt gewesenen halben Divisionen, von Weimar, wohin sie sich auf Befehl des Fürsten Hohenlohe, den ihnen ein Preußischer Oberstlieutenant von Prittwitz überbrachte, zu sammeln gegeben hatte, beym Regiment ein.

Den **13ten** des Morgens rückte das Regiment, welches jedoch nur ein Bataillon Combattanten von ohngefähr 150 Rotten formiren konnte, in die Position, und zwar mit der andern Infanterie, die bey Saalfeld gefochten, unter dem Generalmajor von Dyherrn en Reserve ins 4te Treffen hinter die Grenadiers, und bivouacirte, in Ermangelung seiner Equipage, welche spät eintraf, als bereits ein Advertissement gekommen, dass vielleicht ein Überfall auf eine oder andere Seite statt finden könnte; und welche des andern Tags unter Bedeckung der Lagerwacht wieder zurück gesendet wurde.

Diese Reserve war folgendergestalt aufmarschirt : ein Bataillon Churfürst, ein Bataillon Clemens, zwey Bataillone Xavier, zwey Bataillone Müffling.

Das Regiment erhielt an diesem Tage etwas Brod, so viel daß der Mann ungefähr 1 Pfund erhielt, und das ist nebst dem in der Stadt Ilm Erhaltenen, das Einzige gewesen, was es in diesem Feldzuge bekommen hat.

Den **14ten.** Als mit dem Tage das heftige Feuer seinen Anfang nahm, so griff das Regiment, ohne weiteren Befehl abzuwarten, zum Gewehr, und blieb stehen, bis daß ungefähr um 8 Uhr früh die ganze unter dem Generalmajor v. Dyherrn stehende Reserve links abmarschirte, und auf die links seines Lagers gelegenen Höhen rückte, wo sie nach der Tete aufmarschirte. Iserstädt lag rechts seitwärts vor unserer Fronte. Einige Escadrons Sächsischer Husaren unter dem

Oberstlieutenant von Ende marschirten neben uns rechts auf.

Auch stand rechts seitwärts hinter uns ein Cavallerie-Treffen, unter dem Generallieutenant von Zeschwitz, welches späterhin nebst der Sächsischen reitenden Batterie durch uns durchging, und links vorwärts gegen Vierzehn-Heiligen zu marschirte.

Das Geschütz vom Regiment Müffling wurde nebst einigem Batterie-Geschütz vor der Fronte zusammen aufgefahren.

Ein Füselier-Bataillon stand rechts vorwärts vor Iserstädt, griff dieses Dorf an, und drang durch dasselbe vor.

So lange nun, als unsere vor uns stehenden Truppen ihre Stellung behaupteten, blieb diese Reserve ein unthätiger Zuschauer, und es fiel in einigen Stunden nichts weiter vor, als daß einzelne Canonenkugeln nach ihr abgefeuert, dabey einschlugen, und daß sie einige hundert Schritt vorrückte, oder wieder zurückging, um auf einem vortheilhaften Terrain sich zu placiren; und daß sie in ihrem Allignement verschiedentliche Abweichungen vornahm.

Als aber das Gefecht für unsere Corps eine ungünstige Wendung nahm, so wurde die Reserve bald mit verflochten; denn man merkte kaum, daß der Feind bey Vierzehn-Heiligen vordrang, und daß unsere daselbst gestandenen Truppen sich zurückzogen, als auch schon die durch Iserstädt vorgedrungenen Füseliers zurückgeworfen waren. Des letztern wegen muste das, bey der Reserve auf dem rechten Flügel stehende,

Bataillon Churfürst sich rückwärts in die linke Flanke setzen, ungefähr soviel als ⅛tel Schwenkung beträgt, wodurch es Fronte nach Iserstädt bekam, und die daraus vertriebenen Füseliers zogen sich in die Linie der Reserve, ohne sich jedoch anzuschließen; da diese Oefnung durch die Husaren-Escadrons, welche uns rechts aufmarschirt waren, gedeckt wurde. Kaum hatte das Bataillon diese Bewegung bewerkstelliget, als wir von einer vom Feinde vor Vierzehn-Heiligen etablirten Batterie heftig beschossen wurden; und kaum hatte diese Canonade ihren Anfang genommen, als die links neben uns stehenden Bataillone aus der Linie wichen, und das Bataillon Churfürst sich links an das Regiment Müffling, welches hingegen rechts rückte, anschloß; und hier muß ich bemerken, daß, als die Bataillone neben Churfürst fortgingen, die Mannschaft desselben einen Augenblick wankte, und mit umkehren wollte, daß sie sich aber auch sogleich aufhalten ließen, welches ich vorzüglich dem Major Zeschau, den übrigen Officieren, und selbst den Unterofficieren zuschreiben muß, und zu verdanken habe.

Auch halte ich mich verpflichtet, hier anzumerken, daß vom Infanterie-Regiment Prinz Clemens der Hauptmann v. Mandelsloh nebst dem Adjutanten Pfaff und Fähndrich von Stutterheim sich mit einem Trupp von etlichen zwanzig Mann von gedachtem Regimente an das Bataillon anschloß, und daß diese Officiere und Mannschaften sich wie brave Männer benommen, und bis an Weimar, wo sie ihr Regiment wieder fanden, beym Bataillon geblieben sind. Vorher waren auch der Lieutenant von Zerbst, von Salza, und noch ein dritter

Officier, nebst einigen wenigen Grenadieren vom Grenadier-Bataillon Lecoq beym Bataillon eingetreten; dem Lieutenant von Salza wurden beide Beine weggeschossen.

Als sich das Bataillon mit dem Regiment Müffling in Verbindung gesetzt hatte, so blieben wir noch eine Weile, bis wir sahen, daß wir ziemlich verlassen standen, und alles zurück ging, stehen. Wir nahmen daher unter einander, da wir von Niemanden mehr mit Befehlen versehen werden konnten, die Verabredung, uns en Echequier zurück zu ziehen, und bewerkstelligten auch dieses, indem kein Bataillon auf einmal über zwanzig Schritte zurück ging, mit so viel Ordnung, daß die gegen uns aufmarschirte Cavallerie es nicht wagte, uns zu attakiren, und sich begnügte, uns mit der bey sich habenden Artillerie zu beschießen.

Die vor uns vorher aufgefahrene Preußische Artillerie hatte sich entfernt, und zum Glück trafen wir bey unserm Rückzuge einige Sächsische Canonen an, die auf unserm rechten Flügel auffuhren, und uns deckten. Hinter uns hielten auch einige Escadrons Preußische Cürassiers, die aber keine Lust zu haben schienen, uns zu decken; denn sie gingen allemal zurück, ehe wir auf einige hundert Schritte nahe kamen, so vorteilhaft das Gelände auch für Cavallerie war. Dieses Zurückziehen setzten wir bis gegen ein Dorf (wahrscheinlich war es Hohlstädt) fort, und dort fanden wir einen Trupp vom Regiment Prinz Maximilian unter dem Major v. Winkelmann, und das 2te Bataillon von Rechten neben dem wir aufmarschirten. Und hier ist das Bataillon von dem Regiment Müffling getrennt worden, welches sich wahrscheinlich an das Corps des Generals Rüchel angeschlossen hat, oder von hier aus nach Appolda zugegangen seyn muß.

Da wir nun sahen, daß wir bey längerem Zögern abgeschnitten werden musten, so marschirte das Bataillon rechts ab, zog sich auf die Chausée, und marschirte auf derselben gerade gegen Weimar, wo wir bereits mehrere Bataillone auf der Höhe, wo das Hölzchen ist, aufmarschirt fanden, und wo es außer dem Grenadier-Bataillon Winkel zuletzt mit ankam. Hier übergab der Fürst von Hohenlohe dem Generalmajor von Cerrini, welcher mit dem Grenadier-Bataillon Winkel angekommen, und der einzige gegenwärtige Sächsische General war, das Commando über die vorhandenen Sächsischen Truppen, bestehend :

1 Grenadier-Bataillon Winkel, 1 Bataillon Churfürst, und den Rest der Regimenter Maximilian, Friedrich August, Clemens und Rechten,

und befahl, das mit Sections links abmarschirt werden sollte. Wir passirten hierauf die Ilm, über die Brücke bey Weimar, und Weimar selbst, und nahmen die Direction gegen Buttstädt, erhielten aber bald von dem vor uns mit einigen Escadrons Husaren marschirenden Major von Polenz die Nachricht, daß der König bey Auerstädt geschlagen sey, und daß wir nicht nach Buttstädt zu marschiren könnten.

Der Generalmajor von Cerrini entschloß sich daher nach Kölleda, wohin auch die Husaren sich wendeten, zu gehen, wo wir in der Nacht 1 ½ Uhr ankamen, und die Mannschaft in einigen Häusern einquartirten, damit sie sich nur etwas erholen und erquicken könnten. Auf dem Marsch selbst waren verschiedene Leute liegen geblieben, und haben sich verirrt, welches nicht anders möglich, da wir unaufhörlich neben Equipage-Colonnen vorbey marschiren musten, und nicht selten von Cavallerie-Trupps durchschnitten wurden. Es hatten sich sogar die ganzen Theile des Regiments Maximilian und Friedrich August von der Colonne getrennt.

Das Bataillon hat an diesem Tag bey der Bataille verloren:

Todte :   keiner
Blessirt :   1 Unteroffizier, 3 Gemeine
Gefangen :   keiner
Vermisste :   1 Tambour, 2 Zimmerleute, 60 Gemeine.
Zusammen   63 Mann.

Von den Vermissten werden mehrere Leute bleßirt seyn, da viele Kugeln ins Bataillon selbst einschlugen, und die Verwundeten werden sich nicht leicht wieder finden, da sie von Canonen- und Cartätschenkugeln getroffen wurden, und liegen geblieben sind.

Den **15ten** brachen wir 5 Uhr früh auf, und marschirten nach Weissensee, wendeten uns dort rechts nach Kindelbrück, wo wir uns von der Stadt erquicken ließen, und rückten dann bis Frankenhausen, wo wir die Nacht bivouacqirten. Wir requirirten die Stadt um Brod, konnten aber nur weniges bekommen. Hier trafen wir sieben Escadrons Sächsische Husaren, auch stieß der Rest vom Regimente Xavier zu uns. Zu Frankenhausen lagen vier Preußische Bataillons unter dem General

Tschammer, mit diesen vereinigten wir uns, und marschirten

den **16ten** über Dagerhausen, wo wir einige Stunden bivouacqirten, und Essen von der Stadt heraus bringen ließen, nach Mannsfeld, wo die ganze Infanterie einquartirt wurde.

Den **17ten**, als wir bald abmarschiren wollten, trafen S^r. Exc. der commandirende General von Zeschwitz mit einigen Cavallerie-Regimentern ein; die Preußischen Truppen marschirten für sich ab, und das Sächsische Corps rückte in die Gegend von Hettstädt, wo das Hauptquartier war. Das Regiment kam nebst einem Detaschment von Kochtitzky Cürassiers nach Ritterroda.

Den **18ten** versammelte sich das Corps bey Groß-Wiederstädt, und marschirte von da nach Staßfurth, wo die Infanterie einige Minuten anhielt, und dann noch einige Stunden weiterging, wo das Bataillon ins Amt Athensleben Quartier bekam.

Den **19ten** versammelte sich das Corps am Chaussée-Haus bey Apendorf, von wo sodann die Infanterie zuerst und zwar nach Barby marschirte.

Den **20sten** Mittags musste das Bataillon nebst dem von Clemens aufbrechen, nach Gommern marschiren, und wurde unter die Ordre des Generallieutenants von Polenz verwiesen.

Den **21sten und 22sten** blieben wir in Gommern stehen, erhielten aber letztgedachten Tages Abends um 10 Uhr den Befehl über Barby nach Groß-Rosenburg zu marschiren. Der zweyte Befehl, dass wir am rechten

Elbufer fort marschiren sollten, hat uns nicht getroffen. Ueber die Fähre bey Barby und Groß-Rosenburg gingen Französische Truppen, daher hielt unser Übergang, weil allemal nur einige Mann mit über das Wasser kommen konnten, lange auf, und wir kamen erst Abends in Groß-Rosenburg an, wo wir Quartier machten.

Der Major v. Zeschau war mit der ganzen bey Gommern stehenden Equipage am rechten Elbufer herauf gegangen, und hat bereits darüber Rapport an das General-Commando von Delitzsch aus erstattet.

Den **23sten** marschirte das Bataillon von Groß-Rosenburg über Köthen, und nahm Quartier in Presigk.

Den **24sten** aber in Glessina bey Skeuditz.

Den **25sten** trennte sich das Bataillon und marschirte die Mannschaft vom 2ten Bataillon nach Weissenfels, das erste aber nahm noch ein Nachtquartier in Werben bey Pegau, und rückte

Den **26sten** in Zeitz ein.

Friedrich von Hartitzsch
Oberst-Lieutenant

Anzeige
der blessirten und gefangenen Officiers

A) Auf dem Platz geblieben

Ø

B) An Blessuren gestorben

1) Capit. von Cisky	blessiert bei Jena
2) Capit. von Scheubner	blessiert bei Saalfeld

C) Blessiert

1) aggr. Major von Luttitz	bei Saalfeld
2) Capit. von Burgsdorf	bei Jena
3) Prem.Lt. von Schulze	desgl.
4) Prem.Lt. von Brand	desgl.
5) Prem.Lt. von Krafft	bei Saalfeld
6) Prem.Lt. von Egidy	desgl.
7) Souslt. von Lindemann	bei Jena
8) Souslt. von Neitschütz 1^e	bei Saalfeld
9) Souslt. von Marschall	bei Saalfeld
10) Fähn. von Zedtwitz	desgl.
11) Fähn. von Scheubner 2^e	desgl.

D) Gefangen

1) Major von Steindel
2) Major von Luttitz
3) Prem.Lt. von Strauwitz
4) Prem.Lt. von Bernewitz
5) Prem.Lt. von Egidy
6) Fähn. von Zedtwitz   alle bei Saaalfeld

7) Capit. von Burgsdorf   auf der Retraite

8) Souslt. von Haupt   von Jena

Vom Stabe ist

1) Fahnjunker von Wolfersdorf bei Saalfeld blessiert und gefangen worden.

Es sind also nach den folgenden und der vorstehenden Anzeige

A) Auf dem Platz geblieben

16 Mann

B) An Blessuren gestorben

2 Capitaines
<u> 15 Mann</u>
17 Mann

C) Blessiert

11 Officiers
<u>202 andere Mann</u>
213 Mann

D) Gefangen

8 Officiers
<u>158 andere Mann</u>
166 Mann

E) In Abgang gebracht

27 Mann

Welches alles nachrichtlich bemerkt.

Adjutant von Brause

Anzeige

der blessirten und gefangen Unter Officiers und Gemeinen der Leib-Compagnie

A) Auf dem Platz geblieben

1) Corp. Johann Gottfried Haager   bei Jena
2) Gem. Johann Gottlob Heckel   bei Saalfeld

B) An Blessuren gestorben

Ø

C) Blessiert

1) Feldwebel Johann Samuel Schwartze
   ein Prellschuß ans Dickbein bei Saalfeld

2) Gem. Johann Christian Rümmler
   einen Schuß durchs rechte Knie bei Saalfeld

3) Gem. Johann Friedrich Kerl
   einen Schuß durchs rechte Knie bei Saalfeld

4) Gem. Johann Gottfried Peitzsch
   einen Schuß durch den rechten Unterschenkel bei Saalfeld

5) Gem. Johann Gottlob Tischendorf
   einen Schuß durch rechten Unterarm bei Saalfeld

6) Gem. Johann Gottlob Göhring
   ein Prellschuß am Unterleib bei Saalfeld

7) Gem. Christian Gottlieb Weidner
   einen Schuß durch rechten Unterarm bei Saalfeld

8) Gem. Johann Gottlob Scholle
   einen Schuß durch den rechten Fuß bei Saalfeld

9) Gem. Johann Gottlob Fritzsche
   einen Schuß durch den rechten Unterschenkel bei Saalfeld

10) Gem. Johann Gottlob Herrmann
einen Schuß durch den rechten Unterschenkel bei Saalfeld

D) Gefangen

1) Serg. Johann Gottfried Naundorf   von Saalfeld aus

2) Gem. August Gottschalck

3) Gem Johann Carl Pöpel   von Jena aus

E) Als Vermißt in Abgang gebracht

~~1) Gem. Johann Carl Pöpel~~   hat sich jedoch aus der Gefangenschaft ranzionirt, selbst wieder gemeldet und ist wieder
einrangirt.

Garnisonsquartier Dresden
den 26. Januar 1808

Ludwig Wilhelm von Eychelberg
Premier-Lieutenant

Anzeige
der blessirten und gefangen Unter Officiers und Gemeinen von des Herrn Obrist Donat Compagnie

A) Auf dem Platz geblieben

1) Gem. Gottlob Hötrich   bei Jena

B) An Blessuren gestorben

1) Gem. Johann Gottfried Neubert   an einer bei Saalfeld erhaltenen Wunde d. 6. Novbr. 1806 in Schweinfurth gestorb.

C) Blessiert

1) Corp. Friedrich August Wolf
    Schußwunde unters rechte Knie bei Saalfeld

2) Gem. Christian Friedrich Winckler 2te
    Streifschuß an der rechten Seite des Kopfes b. Saalfeld

3) Gem. Johann Gottlob Piller
    Prellschuß auf der Brust bei Saalfeld

4) Gem. Johann Gottfried Heinicke
    Streifschuß an der rechten Seite des Halses b. Saalfeld

5) Gem. Johann Gottlob Priese
    Schußwunde am rechten Bein und Streifschuß am linken Bein

6) Gem. Johann Gottlieb Seifert 2te
    Streifschuß im linken Arm bei Saalfeld

7) Gem. Johann Gottfried Einhorn
    Hiebwunde im rechten Oberarm bei Saalfeld

8) Gem. Johann Gottfried Schleicher
    Streifschuß am Kopf rechter Seits bei Saalfeld

9) Gem. Johann Gottfried Riedel
    Schußwunde durch die rechten Schulter bei Saalfeld

10) Gem. Johann Samuel Schönfeld
Schußwunde durch den Unterleib rechter Seits bei Saalfeld

11) Gem. Christoph Seifert 1te
   Streifschuß an der linken Hand bei Saalfeld

12) Gem. Johann Gottlob Heilmann
   Streifschuß untern linken Auge bei Saalfeld

13) Gem. Johann Christian Keßner
   Schuß in die linke Schulter bei Saalfeld

14) Gem. Johann Gottfried Steinert
Schuß durch den linken Ober- und Unterarm und zweyer Bajonettstiche in den Rücken bei Saalfeld

15) Gem. Johann Gottfried Kunzsch
   Schußwunde im linken Fuß bei Saalfeld

16) Gem. Friedrich Pietzsch
   Schußwunde im rechten Fuß bei Jena

D) Gefangen

1) Corp. Friedrich August Wolf

2) Gem. Johann Gottlob Piller

3) Gem Christian Gottlieb Drescher

4) Gem. Johann Gottfried Kunzsch

5) Gem. Johann Gottlieb Petermann

6) Gem. Christian Gottlieb Hentzschel

7) Gem. Christian Gottlieb Fromhold

E) Als Vermißt in Abgang gebracht

1) Gem. Gottlieb Ludewig

2) Gem. Carl Heinrich Richter 2te   in holländische Dienste gegangen

Garnisonsquartier Dresden   Hans Carl von Schütze
den 26. Januar 1808   Capitaine

Anzeige
der blessirten und gefangen Unter Officiers und Gemeinen von meiner des Capitaines von Neitschütz Compagnie

A) Auf dem Platz geblieben

Ø

B) An Blessuren gestorben

1) Gem. Lorenz Fahr   einen Schuß im rechten Oberschenkel bei Saalfeld, den 21. Decbr. 1806 im Lazareth zu Weida gestorben

C) Blessiert

1) Feldwebel Carl Gottlob Francke
   Einen Schuß ins rechte Knie bei Saalfeld

2) Tambour Carl August Hofmann
   einen Schuß in rechten Unterschenkel bei Saalfeld

3) Gem. Johann Christoph Ottilge
   einen Schuß in rechten Oberschenkel bei Saalfeld

4) Gem. Johann Christian Ludewig
   einen Streifschuß am Hals bei Saalfeld

5) Gem. Johann Gottlob Einert
   Hiebe in den Kopf bei Saalfeld

6) Gem. August Ziegler
   einen Schuß in den Mund bei Saalfeld

7) Gem. Johann Gottlob Kresse
   einen Schuß in linken Arm bei Saalfeld

8) Gem. Johann Gottlieb Seydel
   einen Prellschuß auf die Brust bei Saalfeld

9) Gem. Christoph Zimmermann
   einen Schuß durch den rechten Unterschenkel bei Saalfeld

10) Gem. Johann Gottfried Wohlfarth
einen Schuß durch den rechten Unterschenkel bei Saalfeld

D) Gefangen

∅

E) Als Vermißt in Abgang gebracht

∅

Garnisonsquartier Dresden
den 26. Januar 1808

Johann Rudolph von Neitschütz
Capitaine

_____

Anzeige
der blessirten und gefangen Unter Officiers und Gemeinen des Capitaines von Hake Compagnie

A) Auf dem Platz geblieben

1) Corp. Johann Gottlob Thierbach	bei Saalfeld
2) Gem. August Vetter	bei Saalfeld
3) Gem. Samuel Näther	bei Saalfeld

B) An Blessuren gestorben

1) Gem. Johann Christian Biering
2) Gem. Gottlieb Hofmann
3) Gem. Heinrich August Werner 2te

C) Blessiert

1) Serg. Christoph Leonhardt Coja
   Prellschuß auf die Brust bei Saalfeld

2) Tamb. Heinrich Friedrich Kuntze
   Schuß in der rechten Oberlende bei Jena

3) Gem. Christian Lindner 1te
   Schuß unterm rechten Schulterblatt bei Saalfeld

4) Gem. Johann Gottlieb Schröder 2te
   Schuß am rechten Fuß bei Saalfeld

5) Gem. Samuel Anders
   Stichwunde in der linken Seite bei Saalfeld

6) Gem. Adam Friedrich Trommler
   Schuß in der rechten Oberlende bei Saalfeld

7) Gem. Johann Gottfried Seifert
   Schuß in rechten Arm bei Saalfeld

8) Gem. Johann Gottlob Schütz 2te
   Prellschuß auf die Brust bei Saalfeld

9) Gem. Michael Schellenberg
   Schuß durch beide Beine oberhalb der Knie bei Saalfeld

10) Gem. Johann Christian Kenzig
    Schuß in der rechten Lende bei Saalfeld

11) Gem. Gottlob Friedrich Eckardt
    Schuß in die linke Hand und ins linke Bein bei Saalfeld

12) Gem. Johann August Pützschel
    Schuß im Unterleib bei Saalfeld

13) Gem. Jacob Saupe
    Schuß oberhalb der linken Wade bei Saalfeld

14) Gem. Johann David Karge
Schuß im rechten Fuß u. Stoß auf der Brust auf Retraite v.Jena

15) Gem. Christoph Liebers
    Prellschuß auf die Brust bei Saalfeld

16) Gem. Johann Gottlob Richter
    Schuß am rechten Fuß bei Saalfeld

17) Gem. Johann Christian Andrae
    Schuß im rechten Oberschenkel bei Saalfeld

D) Gefangen

1) Gem. Johann Christian Biering

2) Gem. Carl Müller 1te

3) Gem Christian Friedrich Gottlob Reppe

4) Gem. Johann Gottlob Kersten

5) Gem. Johann Christian Andrae

6) Gem. Adam Friedrich Trommler

7) Gem. Christoph Kabisch

8) Gem Ewald Traugott Schneider 1te

9) Gem. Johann Gottlieb Gumbrecht

10) Gem. Johann Gottfried Schütz 1te

11) Gem. Gottlob Friedrich Eckardt

12) Tamb. Gottlob August Richter

E) Als Vermißt in Abgang gebracht

1) Gem. Johann Christian Kiesel

2) Gem. Johann Gottfried Berthold

3) Gem. Christian Friedrich Helme

Garnisonsquartier Dresden   August Bauer v.Bauern
den 26. Januar 1808   Premierlieutenant

Anzeige
der blessirten und gefangen Unter Officiers und Gemeinen von des Herrn Oberstlieutenants von Lichtenhayn Compagnie

A) Auf dem Platz geblieben

Ø

B) An Blessuren gestorben

1) Gem. Johann Ludwig Bartelmann bei Saalfeld

C) Blessiert

1) Corp. Johann Friedrich Gansseberg
Schuß im linken Oberschenkel, wo die Kugel noch innen sitzt bei Saalfeld

2) Corp. Johann Heinrich Emig
Streifschuß an der rechten Hand bei Saalfeld

1) Gem. Johann Gottfried Rohne
Prellschuß auf die Brust bei Saalfeld

2) Gem. Johann Gottlob Schiebold
3 Stichwunden im Rücken bei Saalfeld

3) Gem. August Clemens
Hiebwunde im Kopf bei Saalfeld

4) Gem. Johann Carl Christian Goetze
Schuß im linken Unterschenkel bei Saalfeld

5) Gem. Johann Elias Vogel 3te
Streifschuß an der linken Hand bei Saalfeld

6) Gem. Johann Gottlob Beyer 3te
2 Schußwunden ins linke Bein bei Saalfeld

7) Gem. Carl Friedrich Schmidt 1te
Schuß in die Kinnlade bei Saalfeld

8) Gem. Carl Friedrich Weishuhn
Prellschuß auf die Brust bei Saalfeld

9) Gem. Johann Gottlob Wiedemann
Prellschuß auf die Brust bei Saalfeld

10) Gem. August Kollsch
Prellschuß im linken Unterschenkel bei Saalfeld

11) Gem. Johann Heinrich Müller 2te
Prellschuß im rechten Oberschenkel bei Saalfeld

12) Gem. Johann Christian Schied 1te
Streifschuß an der Brust bei Saalfeld

13) Gem. Johann Gottfried Schlegel 1te
Streifschuß am linken Bein bei Saalfeld

D) Gefangen

1) Corp. Johann Friedrich Gansseberg

1) Gem. Johann Gottfried Rohne

2) Gem. Johann Gottlob Schiebold

3) Gem. Johann August Clemens

4) Gem. Johann August Müller 1te

5) Gem. Johann Gottlob Beyer 3te

E) Als Vermißt in Abgang gebracht

∅

Garnisonsquartier Dresden
den 26. Januar 1808

Xaver Ludwig von Strauwitz
Capitaine

Anzeige
der blessirten und gefangen Unter Officiers und Gemeinen von des Herrn Major von Luttitz Compagnie

A) Auf dem Platz geblieben

1) Corp. Johann George Kreuse   bei Saalfeld
2) Gem. Johann Wilhelm Jacob   bei Saalfeld
3) Gem. Johann Gottlieb Heilemann   bei Saalfeld

B) An Blessuren gestorben

1) Gem. Gottlob Eisert   d. 10. Octbr. 1806 in Saalfeld
2) Gem. Johann Gottfried Räppe   Novbr. 1806 in Weida
3) Gem. Johann George Arnold   May 1807 in Weida

C) Blessiert (alle bei Saalfeld)

1) Corp. Gottlob Friedrich Rost
    1 Hieb in den Kopf, 1 Stich in die Seite
2) Corp. Johann Friedrich Rudolph
    1 Hieb in den Kopf
3) Corp. Benjamin Brendel
    1 Hieb in den Kopf
1) Gem. Johann Gottlob Schob
    1 Hieb in den Kopf, 2 Finger von der rechten Hand gehauen
2) Gem. Christian August Bauer
    2 Hiebe in den Kopf, 1 Stich im Rücken
3) Gem. Carl Kötteritzsch
    1 Hieb in den Kopf
4) Gem. Johann Christian Zausch
    1 Streifschuß am rechten Schenkel
5) Gem. Samuel Lummitzsch
    1 Hieb in den Kopf

6) Gem. Johann Christian Bretschneider
   1 Hieb in den Kopf, 1 Stich in die Seite

7) Gem. Johann Christian Manewald
   1 Hieb ins Gesicht

8) Gem. Johann Samuel Haertewig
   1 Schuß im rechten Oberschenkel

9) Gem. Johann Gottlob Ernst
   1 Hieb in den Kopf

10) Gem. Johann Christian Kabisch
    1 Hieb in den Kopf

11) Gem. Johann Christian Schob
    1 Hieb in den Kopf

12) Gem. Andreas Göhre
    1 Hieb ins Gesicht

13) Gem. Christian Gottlob Steeger
    1 Hieb in den Kopf

14) Gem. Johann Gottfried Ebisch
    2 Hiebe in den Kopf

15) Gem. August Filz
    1 Hieb in den Kopf

16) Gem. Johann Gottlieb Vohland
    1 Schuß am rechten Fuß und Knöchel

17) Gem. Johann Friedrich Gottlob Merker
    1 Schuß im rechten Oberschenkel

18) Gem. Friedrich August Wagner
    1 Prellschuß im rechten Oberschenkel

19) Gem. Johann Christian Nietzsch
    1 Hieb in den Kopf

20) Gem. Friedrich August Schulze
    2 Hiebe in den Kopf

21) Gem. Johann Christian Nätzold
2 Hiebe in den Kopf

22) Gem. Christian Gottlieb Heintze
3 Hiebe in den Kopf, 1 Schuß in Fuß

23) Gem. Christian Lehmann
2 Hiebe in den Kopf

24) Gem. Gottlob Heinrich Kratz
2 Hiebe in den Kopf

25) Gem. Christian Carl Karbaum
1 Hieb in linken Arm

26) Gem. Johann Gottfried Emmrich
1 Hieb in den Kopf

27) Gem. Johann Gottlob Patzschke
1 Hieb in den Kopf

28) Gem. Gottfried Malz
1 Schuß in die Brust

29) Gem. Johann Adam Burkhardt
1 Schuß am rechten Knorr

30) Gem. Johann Christian Fiedler
1 Hieb in den Kopf, 1 Stich in Hals

31) Gem. Johann Gottlob Bergmann
1 Hieb in den Kopf

32) Gem. Johann Gottlob Ritzschke
3 Hiebe in den Kopf

33) Gem. Gottlob Traugott Julitz
1 Schuß ins Kreuz

34) Gem. Christian Römisch
1 Hieb in den Kopf

35) Gem. Christoph Grund
1 Schuß in den Hals

D) Gefangen

1) Chirurg. Friedrich Gottlob Welch d. 10. Octbr. 1806

1) Corp. Gottlob Friedrich Rost nach der Affaire

2) Corp. Johann Friedrich Rudolph bei Saalfeld

3) Corp. Carl Friedrich Pretorius

4) Corp. Benjamin Brendel

1) Tamb. Carl Friedrich Franke 12 Octbr. in Naumburg

1) Zimm. Christian Riedel d. 10. Octbr. 1806

1) Gem. Johann Gottlob Schob nach der Affaire

2) Gem. Christian August Bauer bei Saalfeld

3) Gem. Carl Kötteritzsch

4) Gem. Johann Christian Zausch

5) Gem. Johann Christian Bretschneider

6) Gem. Johann Christian Manewald

7) Gem. Johann Samuel Haertewig

8) Gem. Johann Gottlob Ernst

9) Gem. Johann Christian Kabisch

10) Gem. Johann Christian Schob

11) Gem. Andreas Göhre

12) Gem. Christian Gottlob Steeger

13) Gem. Johann Gottfried Ebisch

14) Gem. August Filz

15) Gem. Johann Gottlieb Vohland

16) Gem. Johann Friedrich Gottlob Merker

17) Gem. Friedrich August Wagner

18) Gem. Johann Christian Nietzsch

19) Gem. Johann Christian Nätzold

20) Gem. Christian Gottlieb Heintze

21) Gem. Christian Lehmann
22) Gem. Gottlob Heinrich Kratz
23) Gem. Christian Carl Karbaum 1te
24) Gem. Johann Gottfried Emmrich
25) Gem. Johann Gottlob Patzschke
26) Gem. Gottfried Malz
27) Gem. Johann Christian Fiedler
28) Gem. Johann Gottlob Bergmann
29) Gem. Johann Gottlob Ritzschke
30) Gem. Gottlob Traugott Julitz
31) Gem. Christian Römisch
32) Gem. Christoph Grund
33) Gem. Friedrich August Schulze
34) Gem. Johann Adam Burkhardt
35) Gem. Johann Gottfried Förster
36) Gem. Johann Michael Niele
37) Gem. Johann Gottlob Espenhayn
38) Gem. Johann Christlieb Müller 1te　　d. 16. Octbr.
39) Gem. Johann Gottfried Herold　　bei Schafstädt
40) Gem. Johann Gottlieb Michael
41) Gem. Johann Gottlob Heinichen
42) Gem. Johann Gottlieb Schramme
43) Gem. Johann Gottlob Schlegel
44) Gem. Johann Christoph Nepold
45) Gem. August Böhme
46) Gem. Johann Carl Arnold 2te
47) Gem. Johann Gottlob Sommerweis
48) Gem. Johann Simon Gessner

49) Gem. Johann Gottfried Helbig

50) Gem. Samuel Lorenz

51) Gem. Christian August Rost

52) Gem. Carl Friedrich Winkler

53) Gem. Johann Gottlob Freyberg

54) Gem. Johann Gottfried Karbaum 2te

55)Gem. Johann Gottfried Wenzel

56) Gem. Carl Gottlieb Schurz

57) Gem. Johann Christian Apelt

58) Gem. Johann George Römer

59) Gem. Johann Gottlob Lindner

60) Gem. Carl Sommer

61) Gem. Johann Gottlob Ziecke

62) Gem. Christian August Reim

63) Gem. Johann Gottlob Heinicke 2te

64) Gem. Christian Gottlob Börner

65) Gem. Gottlob Lerche

E) Als Vermißt in Abgang gebracht

1) Gem. Johann Adam Sander   pro Mart 1807

2) Gem. Johann Gottlob Putz

3) Gem. Johann Gottfried Förster   in holländische

4) Gem. Friedrich August Schulze   Dienste getreten

5) Gem. Johann Adam Burkhardt

6) Gem. Johann Michael Niele

7) Gem. Johann Gottlob Espenhayn

Garnisonsquartier Dresden   Wolfgang von Luttitz
den 26. Januar 1808   Major

Anzeige
der blessirten und gefangen Unter Officiers und Gemeinen von meiner des Capitaines von Belau Compagnie

A) Auf dem Platz geblieben

1) Gem. Bernhardt Friedrich   bei Sallfeld

B) An Blessuren gestorben

1) Gem. Johann Gottfried Götze   d. 21. Octbr. 1806 in Saalfeld

C) Blessiert (alle bei Saalfeld)

1) Corp. Adam Köhler
   1 Hieb in den Kopf

1) Gem. Christian Dindschuh
   1 Hieb in den Kopf

2) Gem. Johann Gottfried Pratzsch
   1 Hieb in den Kopf

3) Gem. Johann August Kappendorf
   1 Hieb in den Kopf

4) Gem. Johann Gottfried Ebersbach
   1 Hieb in den Kopf

5) Gem. Christlieb Widuwilt
   1 Hieb in den Kopf

6) Gem. Johann Andreas Kleine
   1 Hieb in den Kopf

7) Gem. Christian Seidel 2te
   1 Hieb in den Kopf

8) Gem. Johann Christian Carl Burkhardt 2te
   1 Hieb in den Kopf

9) Gem. Johann Gottfried Hartung 2te
   1 Hieb in den Kopf

10) Gem. Johann Michael Hellwig
  1 Hieb in den Kopf

11) Gem. Gottlieb Birkner
  1 Hieb in den Kopf

12) Gem. Johann Gottfried Mehnert
  1 Hieb in den Kopf

13) Gem. Traugott Müller 2te
  1 Hieb in den Kopf

14) Gem. Johann Friedrich George
  1 Hieb in den Kopf

15) Gem. Friedrich Wilhelm Brandt
  1 Hieb in den Kopf

16) Gem. Johann Gottlob Euler
  1 Hieb in den Kopf

17) Gem. Johann Gottfried Augustin
  1 Hieb in den Kopf

18) Gem. Peter Pappelbaum
  1 Hieb in den Kopf

19) Gem. Aron Schmidt 2te
  1 Hieb in den Kopf

20) Gem. Johann Gottfried Gruber 1te
  1 Hieb in den Kopf

21) Gem. Johann Friedrich Schubert
  1 Hieb in linken Arm

22) Gem. Johann Gottfried Mehnert
  1 Hieb in den Kopf

23) Gem. Johann Gottlob Krieg
  1 Schuß in rechten Fuß

24) Gem. Johann Gottlob Scheibe 1te
  1 Schuß ins linke Bein über dem Knöchel

25) Gem. Friedrich Constantin Dembris
   1 Schuß in rechten Oberschenkel

26) Gem. Carl Förster
   1 Schuß in linken Fuß

27) Gem. Johann George Stölzer
1 Prellschuß ans linke Bein, 1 Schuß in rechte Seite Unterleib

28) Gem. Johann Friedrich Siebert
Je 1 Prellschuß ans linke Schienbein, auf die Brust und an den linken Oberschenkel

29) Gem. Johann Michael Petermann
   1 Streifschuß am rechten Fuß

30) Gem. Johann Matthias Kölber
   1 Hieb ins Gesicht

31) Gem. Johann Christian Kaltenborn
   3 Hiebe in Kopf und 1 Hieb in die linke Hand

32) Gem. Johann Gottlieb Hartung 1te
   1 Hieb in den Kopf und 1 Stich in Rücken

33) Gem. Johann Christian Tallhase
   1 Hieb in den linken Arm

34) Gem. Johann Samuel Beyer
   Je 1 Hieb über den Kopf und ins Gesicht

35) Gem. Gottlob Kröber
   1 Hieb über die Nase und 1 Stich in die linke Schulter

36) Gem. Johann Heinrich Christoph Tittel
   Je 1 Hieb über den Kopf und über die Nase

37) Gem. August Jannisch
   1 Hieb in den Kopf

38) Gem. Johann Gottlob Schmidt 1te
   1 Hieb in linken Arm

39) Gem. Johann Friedrich Scheibe 2te
   1 Hieb in den Kopf und 1 Schuß in die Brust rechte Seite

D) Gefangen bei Saalfeld

1) Serg. Johann Friedrich Dantziger

1) Chirurg. Siegmund Gottlieb Fieliz

1) Corp. Gottlieb Schröter

2) Corp. Carl Benjamin Derlitzscher

3) Corp. Adam Köhler

1) Gem. Johann Heinrich Nepold

2) Gem. Johann Gottlob Uland

3) Gem. Johann Gottfried Mehnert

4) Gem. Johann Carl Gottlieb Schönherr

5) Gem. Samuel Friedrich Peißler

6) Gem. Johann Friedrich Scheibe 2te

7) Gem. Johann Carl Gottlob Rommel

8) Gem. Johann Gottlob Gerich

9) Gem. Johann Gottfried Augustin

10) Gem. Johann Christian Riese

11) Gem. Christian Kluge 1te

12) Gem. Gottlob Birkner

13) Gem. Johann Christian Lange

14) Gem. Johann Christian Prätorius

15) Gem. Wilhelm Pantzer

16) Gem. Johann Gottlob Hartung 1te

17) Gem. Johann Gottfried Ebersbach

18) Gem. Johann Gottfried Hartung 2te

19) Gem. Johann Gottfried Reichebach

20) Gem. Carl Wilhelm Bagehorn

21) Gem. Johann Heinrich Bannek

22) Gem. Johann Gottlob Schlegel

23) Gem. Johann Christian Große
24) Gem. Johann Michael Lorber
25) Gem. Johann Samuel Beyer
26) Gem. Traugott Müller 2te
27) Gem. Johann Friedrich George
28) Gem. Johann Michael Hellwig
29) Gem. Johann Christian Kaltenborn
30) Gem. Johann Friedrich Albrecht 2te
31) Gem. Johann Friedrich Bauer
32) Gem. Carl August Wirch
33) Gem. Johann Friedrich Wilhelm Kuntze
34) Gem. Gottfried Bernhold
35) Gem. Johann Gottfried Kluge 2te
36) ~~Gem. August Jannisch~~
37) Gem. Johann Christoph Meißner 2te
38) Gem. Friedrich August Rach
39) Gem. Johann Gottlob Schmidt 1te
40) ~~Gem. Johann Gottfried Gruber 1te~~
41) Gem. Johann Gottfried Droste 2te
42) ~~Gem. Carl Förster~~
43) ~~Gem. Johann Friedrich Hüfner~~
44) ~~Gem. Friedrich August Zimmermann~~
45) ~~Gem. Gottfried Eckardt~~
46) Gem. Emanuel Friedrich Seifert
47) Gem. Carl Gottlieb Lebrecht Breuer
48) Gem. Tobias Kupper
49) Gem. Johann Gottfried Bastian
50) Gem. August Nabe

51) Gem. Johann Gottfried Beyer
52) Gem. Johann Gottfried Götze

E) Als Vermißt in Abgang gebracht

1) Serg. Johann Friedrich Dantziger   14 Mart 1807 gest.

1) Gem. Johann Gottfried Gruber   als Gefangener im
    Land zurückgeblieben und wahrscheinlich gestorben

2) Gem. Friedrich August Zimmermann   in Nancy als
    Gefangener gestorben

3) ~~Gem. Johann Gottlob Schmidt 1te soll im März als Gefangener gestorben sein~~ ist wieder eingetroffen, jedoch nur
mit 1 Arm

4) Gem. Carl Förster   in holländische

5) Gem. Gottfried Eckardt   Dienste

6) Gem. Johann Friedrich Hüfner

7) Gem. August Jannisch   in spanische Dienste

Garnisonsquartier Dresden   Carl von Belau
den 26. Januar 1808   Capitaine

Anzeige
der blessirten und gefangen Unter Officiers und Gemeinen von meiner des Capitaines von Boblick Compagnie

A) Auf dem Platz geblieben

1) Gem. Tobias Busch   bei Sallfeld

2) Gem. Johann Gottlob Grundmann bei Saalfeld

B) An Blessuren gestorben

1) Gem. Friedrich Wilhelm Ferdinand Pape   d.25 Novbr. 1806 zu Weida gestorben

2) Gem. Johann Gottfried Kluge   d.26 Dec. 1806 zu Weida gestorben

C) Blessiert

1) Gem. August Fach
   1 Schuß in linken Oberarm bei Saalfeld

2) Gem. Johann Wilhelm Gehmeyer
   1 Schuß in rechten Fuß bei Saalfeld

3) Gem. Gottfried Große
   1 Schuß durch den linken Arm bei Saalfeld

4) Gem. Johann Bernhardt Schaaf
   1 Streifschuß am rechten Oberschenkel bei Saalfeld

5) Gem. Johann Christian Klarig
   1 Schuß in die linke Hand bei Saalfeld

6) Gem. Christian Reuse
   1 Schuß in linken Unterschenkel bei Saalfeld

7) Gem. Karl Gottlob Fluhrer
   1 Streifschuß am linken Fuß bei Saalfeld

8) Gem. Christian Rose
   1 Schuß in die linke Hand bei Saalfeld

9) Gem. Johann George Bornigen
  1 Streifschuß unterm rechten Arm bei Saalfeld

10) Gem. Friedrich Ernert
  1 Schuß in die linke Seite bei Saalfeld

11) Gem. Johann Gottlieb Kluge
  1 Schuß im rechten Arm bei Saalfeld

12) Gem. Friedrich August Bethmann
durch 1 Kartetschen Kugel den rechten Unter Fuß zerschmettert bei Saalfeld

13) Gem. Carl Christian Matthees
  1 Hieb in den Kopf bei Jena

D) Gefangen bei Saalfeld

1) Corp. Carl Friedrich Prätorius

1) Gem. Gottlob Seufert

2) Gem. Gottlieb Kröste

3) Gem. Johann Bernhardt Schaaf

4) Gem. Johann Friedrich Siegmund Böhme

E) Als Vermißt in Abgang gebracht

1) Gem. Johann Gottfried Apelt

2) Gem. Johann Christian Günschel

3) Gem. Carl Gottfried Hastelbarch

4) Gem. Johann Gottfried Kretzschmar   d. 15 Nov.
  1807 wieder eingefunden.

5) Gem. Johann Gottfried Kluge   d. 26 Dec 1806 in
Weyda an seinen Wunden gestorben

Garnisonsquartier Dresden   Carl Heinrich von Boblick
den 26. Januar 1808   Capitaine

Bericht – Fragment[8] eines Berichtes, das Regiments betreffend

Am 10ten Octbr. Früh 7 Uhr marschirte das Regiment Churfürst nebst den Regimentern Prinz Xavier und Prinz Clemens aus Rudolstadt rechts ab, machte aber nebst selbigen, nachdem sie eine hinreichende Distanz auf der nach Saalfeld führenden Chaussee vorgerückt waren, Halt, um einige auf Dörfern einquartirte Kompagnien vom Regiment Prinz Xavier, desgleichen fünf Escadrons sächsische Husaren, und das Preuß. Regiment Müfling zu erwarten. Ehe jedoch das Letztre angelangt war, und nachdem man zuvor die Schützen der Avantgarde, die 1ste Division vom 1sten Bataillon Churfürst aber denselben zum Soutien hatte vorrücken lassen, wurde der Marsch in einem lebhaften Feldschritt fortgesetzt. Indem man sich Saalfeld näherte, bemerkte man die 2 preußischen Füseliers-Bataillons diesseits der Stadt aufmarschirt, eine preußische Batterie auf einer Höhe rechts der Chaussee aufgefahren, und verschiedene feindliche Kavallerie-Trupps in unsrer rechten Flanke, gegen welche gedachte Batterie lebhaft zu feuern anfing, jedoch wie es schien ohne großen Erfolg. Das Regiment Churfürst marschirte in halbe Divisions und dann successive rechts en Ligne auf; die andern Regimenter thaten dies Bataillonsweise. Gleich darauf erhielt das Regiment Churfürst den Befehl, links abzumarschiren und nach Saalfeld zu rücken, doch ehe es noch die ersten Häuser erreicht hatte, wurde es

---

[8] Dieses nicht benannte und nicht unterzeichnete Fragment befindet sich in den „Materialien zur Geschichte des Feldzuges im Jahre 1806" (Bestand 11 339 Akte 250). Es könnte der Entwurf des Oberst-Leutnants von Hartitzsch sein.

beordert umzukehren und die preußische Batterie zu decken. In der Zwischenzeit war auch eine feindliche Batterie aufgefahren worden, welche die diesseitige so wie das Regiment beschoß, auch zeigten sich auf den waldigten Höhen mehrere Arten feindlicher Kolonnen. Zwischen dem Regiment Churfürst und den übrigen gleichfalls aufmarschirten Bataillons, war ein äußerst großer Zwischenraum, vorzüglich aber eine in das Gebirge laufende Schlucht, die gänzlich entblößt war – der Prinz Louis K.H. fanden daher zweckmäßig das Regiment Churfürst zur Deckung dieser Schlucht rechts abmarschiren und nur die 2 Kompagnien des linken Flügels vom 2ten Bataillon unter dem Major von Steindel bei der Batterie zurück zu lassen; doch da das ziemlich weitläufige Terrain, durch die Linie noch immer nicht ausgefüllt wurde, so mußte das 1ste Bataillon unter dem Major von Zeschau und der rechte Flügel des 2ten Bataillons unter dem Hauptmann von Boblick, mit zeimlich großen Intervallen in die Linie rücken, hinter welchen die Husaren Escadronsweise aufmarschirt standen, zur Deckung der Schlucht wurden aber blos die Schützen vom Regiment verwendet. Nachdem dies erfolgt war, wurden wir nicht nur von Tirailleurs, denen wir nichts entgegen zu stellen hatten, sondern auch von feindlichen Batterien lebhaft beschossen, und eine davon bestrich uns en Echarpe. Die feindlichen Kolonnen fingen an sich zu entwickeln und unser Geschütz feuerte mit gutem Erfolg. Hierauf ward mit Bataillons en Echellon /: mit 100 Schritt Distanz :/ vom rechten Flügel avanzirt, während des Avanzirens immer rechts gezogen und endlich die Direction links verändert. Das Terrain, welches immer steiler und durchschnittener wurde, begünstigte die feindlichen Tirailleurs auch immer mehr, es entstand auf dem rechten Flügel ein kurzes Kleingewehrfeuer und dann ein Rückzug der Linie, der im Regiment Churfürst wenigstens in großer Ordnung im ordinairen Schritt geschah; sobald man hier aber entdeckte, daß dieser Rückzug aus Irrthum entstanden war, machte dieselbe Halt und Front und die 4te Division des 1sten Bataillons sowie der rechte Flügel des 2ten Bataillons mußten sich rückwärts in die linke Flanke setzen.

Der Kommandierende mochte nun wohl bemerken, daß der versuchte Angriff eines so überlegenen Feindes, der allen Angaben französischer Offizieres zufolge aus wenigstens 20000 Mann bestand, zwecklos sey und befahl demnach die Retraite der Linie, welche während derselben unvermerkt die Direction wieder rechts veränderte. Während dem Retiriren bekam das Regiment Churfürst den Befehl, ein, ~~hinter dem rechten Flügel des 1sten Bataillons Xavier~~ zwischen den Regimentern Xavier und Clemens befindliches Dorf, welches Grösten heißen soll, und ~~vermuthlich~~ durch eine Schlucht begünstigt vom Feinde besetzt worden war, anzugreifen und zu nehmen; besagtes Regiment schwenkte demnach mit Sectionen links ab, marschirte im Geschwindschritt hinter dem Regiment Xavier weg, da es aber nicht anders als durch einen schmalen Hohlweg ins Dorf gelangen konnte, so machte dasselbe links um und drang in selbigen vor, es entstand anfänglich durch das Kleingewehrfeuer der Tête einiges Stocken, da aber die übrigen halben Divisions links ausbrachen und mit dem Bajonett auf den Feind losgingen, so ward das Dorf bald genommen, und der Feind so hitzig verfolgt, daß man Apell schlagen lassen mußte, um das Bataillon auf einer Wiese 3 bis 400 Schritt vorwärts vom Dorfe wieder zu sammeln.

Die 1ste Division des 1sten Bataillons war inzwischen rechts des Dorfes an einer aus dem Gebirge kommenden Schlucht postirt worden, und erhielt noch eine halbe Division zur Unterstützung; das Bataillon aber welches auf der Wiese zu sehr exponirt stand, zog sich näher an das Dorf heran, hinter einen Hohlweg der vor dem Dorf vorbey lief; eine halbe Division vom linken Flügel, nebst denen inzwischen zurück gekommenen Schützen wurde in einer andern hart links am Dorfe befindlichen Schlucht vorwärts gegen den Feind zu detaschirt. In dieser Stellung erhielt sich das 1ste Bataillon nebst dem rechten Flügel des Zweyten über eine Stunde lang, ohngeachtet besonders auf beiden Flügeln das Tirailleur-Feuer fortgesetzt wurde. Der Feind der indessen mehrere Truppen herbeygezogen hatte, griff nun vorzüglich die 3 halben Divisionen des rechten Flügels lebhaft an, zwag sie endlich durch Uibermacht zum Rückzuge, und fiel nun mit verdoppelten Kräften auf den übrigen im Dorfe stehenden Theil des Regiments so wie er auch durch die Schlucht am linken Flügel mit Gewalt vordrang; nach einem muthigen und lebhaften Widerstande war demnach das Regiment genöthigt sich durch verschiedenen Ausgänge aus dem Dorfe herauszuziehen um die Chaussee nach Rudolstadt zu gewinnen, allein indem man außerhalb des Dorfes den Versuch machte sich wieder zu formiren, sahe man die andern

Regimenter bereits an der Saale und zum Theil schon jenseits derselben, indem sie solche durchwadet hatten und debandirte feindliche Cavallerie tournirte uns auf beiden Seiten; ohngeachtet nun unter diesen Umständen die wiederholten Anstregungen das Bataillon ganz in Ordnung zu bringen nicht gelingen wollten, so bewürkte man doch immer einen geschlossenen Trupp bei der Fahne zu behalten und da sich die Zahl der feindlichen Kavallerie immer vermehrte, so wie auch das Tirailleur-Feuer zu nahm, so mußte man genothdrungen endlich dasselbe Rettungsmittel ergeifen und durch die Saale gehen, wo man sich am rechten Ufer derselben auf den kleinen Rest des ebenfalls retirirenden Füsilier Bataillons Rabenau repliirte mit selbigem die dortigen waldigten Anhöhen erstieg und die Retraite über Preilop und Colm fortsetzte, dann sich gegen Rudolstadt wendete daselbst wieder über eine Brücke auf das linke Ufer der Saale überging und längs derselben bis Orlamünde fortmarschirte.

Anmerkung: Die Mannschaft war so brav, daß einzelne Leute bei dem Rückzuge nach der Saale und sogar in derselben, häufig von selbst rechtsumkehrt machten und feindliche Husaren von den Pferden herunter stoßen.

Die beiden Kompagnien des linken Flügels vom 2ten Bataillon waren indessen immer fort zur Deckung der Batterie stehen geblieben, und hatten auf erhaltenen Befehl mit der Batterie zugleich den Rückzug angetreten, jedoch nicht weit fortsetzen können, indem die Hohl-wege die Batterie im Marsch aufgehalten; die Compagnien waren demnach aufmarschirt und da feindliche Cavallerie auf sie attaquirt, war solche durch eine Bataillons Decharge auf 40 Schritt zurückgewiesen worden, als aber die sächs. und preuß. Husaren nachgehauen und dann einer stärkren feindlichen Cavallerie-Linie aufgenommen und repoussirt worden waren, hatten sich solche auf gedachte Compgnien geworfen, selbige in Unordnung gebracht, daher dann der Feind mit ihnen zugleich eingedrungen war und die Compagnien größtentheils zusammengehauen und gefangen genommen hatte. Die Kaltblütigkeit und Bravour des Major v.Steindel hat dies Wohlverhalten dieser 2 Compagnien vorzüglich bewirkt.

Von Orlamünde brach der übrige Theil des Regiments

am 11^n früh um 3 Uhr auf und erhielt bei Cala von S^r. Durchlaucht dem Fürst von Hohenlohe den Befehl nach Jena zu marschiren und sich ohnweit der Stadt an der Strasse nach Weimar hinter das Bataillon Bevilaqua zu setzen; Hier bivouaqirte das Regiment die folgende Nacht und erhielt

den 12ten die Erlaubnis nach Herrnstädt in Cantonnirung zu rücken.

Den 13ten marschirte dasselbe auf erhaltenen Befehl in die Position bei Jena, wo es den Tag über und die folgende Nacht hinter dem Lager der Grenadiere bivouaqirte.

Den 14ten früh um 7 Uhr als die Canonade so wie das kleine Gewehrfeuer immer lebhafter wurde, nahm das Regiment Churfürst, wel- …..(Ende des Fragments)

Bericht 1tes Bataillon – Major von Zeschau

Schreiben an den Generalmajor und General-Inspecteur von Cerrini

Ew. Ex. werden durch den Hrn. Oberstlieutenant von Hartitzsch eine Abschrift des Tagebuchs erhalten, welches an S^e. Exc. den Hrn. General von Zeschwitz eingesendet worden ist. Dieses Tagebuch ist durch den Adjutanten von Brause entworfen, und mir in Concept zur Durchsicht mitgetheilet, auch verschiedenes annoch auf meine Veranlassung darin ergänzt, ehe solches mundirt worden. Da nun alles dasjenige, was vom 1sten Bataillon Churfürst, welches ich commandirte, darin gesagt wird, mit der strengsten Wahrheit übereinstimmt, um die von Ew. Ex. unterm 24ten v. M. erlassene, und erst heute beym Regiment eingegangene Ordre, wegen Ueberreichung einer Relation, ganz gehorsamst zu befolgen.

Mit freudiger Ueberzeugung kann ich pflichtmäßig versichern, dass beym ersten Bataillon auch nicht ein Officier seine Obliegenheit unerfüllt gelassen hat; aber die allgemeine Anstrengung derselben, ihren Pflichten Genüge zu leisten, der Eifer, wovon sie beseelt waren, Ruhm und Ehre zu erwarten, macht es mir auch unmöglich einen davon besonders hier zu bemerken; denn jeder hat gleichen Theil an den Beyfall, den das Regiment so glücklich gewesen ist, in der übrigens so traurigen Affaire bey Saalfeld einzuerndten.

Jedoch kann ich nicht unerwähnt lassen, daß, nachdem das Bataillon endlich durch feindliche Uebermacht aus dem Dorfe Grösten herausgedrängt worden war, und ich mich zu verschiedenenmalen, zuletzt aber noch ziemlich nahe der Saale bemühete, es wieder ganz zu sammeln, und den Feind annoch Tete zu bieten, der Fahnenjunker von Kaufberg jederzeit der erste war, der auf mein Commando : Halt! stehen blieb, und Front machte, wodurch sich immer wieder ein geschlossener Trupp bey der Fahne formirte, und selbige auf diese Art rettete.

Die Schützen des 1sten Bataillons, welche beym Avanciren der Linie eine aus dem Gebürge kommende Schlucht auf unsern linken Flügel deckten, und erst einige Zeit, nachdem wir das Dorf Grösten angegriffen und genommen hatten, wieder zu uns stießen, hat an diesem Tage der Fähndrich von Landsberg commandirt; selbiger befindet sich dermalen auf Urlaub in Meißen. --- Ich habe ihm daher, um Zeit zu gewinnen, sofort die Ordre gestellt, den anbefohlnen Rapport an Ew. Ex. unmittelbar zu übersenden.

von Zeschau
Major

2 Berichte 2tes Bataillon – Major von Steindel

Rapport von dem Gefecht bey Saalfeld den 10ten Oct. 1806, besonders in Ansehung des unter meinem Commando dabey befindlich gewesenen 2ten Bataillons Churfürst Infanterie

Nach dem ersten Vorrücken des Regiments bekam das Bataillon seine Stellung hinter einer Königlich Preußischen schweren Batterie. Bald aber befahl der commandirende General Prinz Louis Königl. Hoheit dem Regimente rechts abzumarschiren, und indem wir das zu thun in Begriff waren, ersuchte mich der Commandant jener Batterie, doch seine rechte Flanke nicht zu entblössen, und einen Theil des Regiments stehen zu lassen. Ich meldete das sogleich dem Herrn Obristlieutenant v. Hartitzsch, welcher es genehmigte, daß ich mit dem linken Flügel meines 2ten Bataillons stehen blieb, der aus zwey Compagnien : Major v. Luttitz und Hauptmann v. Belau bestand.

Sogleich avancirte ich und setzte mich mit der Batterie en Linie und bald darauf erschien noch eine ½ Batterie, die mir zur Rechten sich setzte. Die Batterien feuerten nun heftig, und wurden von Französischem Geschütz eben so wieder beschossen. Meine Schützen, die vorher ehe die halbe Batterie eintraf, meine rechte Flanke gedeckt hatten, gingen nun freywillig den überzähligen Tirailleurs, welche meine ganze Fronte beschossen und bedrohten, entgegen, und fochten sehr unerschrocken mit ihnen, so lange als diese Affaire gedauert hat.

Als wir, das Gewehr beym Fuß, von ungefähr 10 Uhr Morgens, bis wenigstens 3 Uhr nach Mittags, unter solchem Feuer auf eine Stelle gestanden, und bereits die Regimenter, so rechts von uns in großen Zwischenräumen aufgestellt waren, sich zurückgezogen hatten, entfernte sich die zur Rechten stehende halbe Batterie. Noch behauptete die links befindliche Batterie und das Preußische leichte Bataillon von Rabenau mit mir, den Platz, wie aber endlich auch diese Batterie anfing sich zurück zu ziehen, blieb ich immer fort ihr zur Seite, und so setzte sie sich von Distanz zu Distanz, und feuerte jedes Mal auf den Feind. So veränderten wir auch unsre Direction links; und ich deckte dann mit der Wendung die Flanke. Ich muß bezeugen, daß mein Bataillon beständig in der besten Ordnung geblieben, und auf der Stelle mein Commando Wort befolgt und allemal mit Festigkeit Front gegen den Feind gemacht hat.

Ein Preußischer General-Adjutant kam vom Prinzen und bezeugte uns seine Achtung über das gute Verhalten meiner braven Untergebenen, und äußerte zugleich, es werde bald Soutien erscheinen, der jedoch nicht eintraf.

Die Batterie fiel nun in die Rudolstädter Straße, so hier einen Hohlweg bildete. Ich sahe, daß wegen anderer umgeworfener Canonen und Hindernisse, sie nicht fort konnte, und setzte mit ihr zur Rechten auf jener Seite des Hohlwegs über, wo ich so lange blieb, bis sich feindliche Husaren auf der entgegengesetzten Seite dieses Hohlwegs zeigten, worauf ich also hinüber marschirte, und gegen dieselbe Front machte.

Indem selbige auf mich los gingen, commandirte ich an mein Bataillon: Fertig! und in einer Entfernung von etwa fünfzig Schritt, gaben wir eine solche Generalsalve, daß die, welche nicht stürzten, Umkehrt machten. In diesem Augenblick erschienen einige Escadrons von unseren Sächsischen Husaren, welche indeß herbeygekommen, und attakirten, angeführt von dem Prinzen Louis selbst und ihrem Obristen v. Pflugk; allein, wie der Hr. Obrist mir nachher gesagt, hatten ihn andre feindliche Husaren im Rücken attakirt, und in wenig Augenblicken warf sich diese ungeheure Masse von unsern und feindlichen Husaren auf mein halbes Bataillon und ritten uns übern Haufen. Man hieb alles zusammen, und machte die übrigen zu Gefangenen. Dies Schicksal hatten ich, Lieutenant v. Strauwitz und v. Bernewitz unverwundet; Major v. Luttitz, Lieutenant v. Egidy, Fähndrich v. Zettwitz und der Fahnenjunker v. Wolfersdorf aber verwundet.

Unterofficiere und Gemeine haben diese beiden Compagnien, 6 Todte auf dem Platz, 95 Blessirte und 80 Gefangene gehabt. Noch bin ich den Herren Officieren schuldig zu sagen, daß sie allesamt als brave, ehrliebende Männer sich bewiesen, die ihren Leuten das schönste Beyspiel gaben, welches auch seine Wirkung nicht verfehlte, indem kein einziger Mann, während der ganzen Affaire, seinen Platz ohne Befehl, ohne Blessur verlassen, sondern mein Commando pünctlich befolgt hat. Der Fahnenjunker v. Wolfersdorf hat seine Fahne tapfer zu erhalten gesucht, sich mit derselben gewehrt, endlich, da er verwundet und schwach geworden, sich auf dieselbe gelegt, und, nachdem er noch mehr in den Kopf gehauen, und das Bewustseyn verloren, ist erst die Fahne unter ihn weggenommen worden.

Major v. Steindel

Relation von dem, was bey der den 10. Octbr: 1806 vorgefallenen Affaire bey Saalfeld den vom Regiment Churfürst Infanterie detachirten linken Flügel des 2ten Bataillons unter meinem Comando betroffen hat.

Der linke Flügel des 2ten Bataillons, bestehend aus der Luttitz und Belauschen Compagnie, trennte sich von dem übrigen Theil des Regiments auf Veranlaßung des Commandanten einer preußischen Batterie, hinter der rechts dasselbe bey den ersten Vorrücken und Aufmarsch zu stehen kam, aber in Begriff war, auf Hohe Ordre diesen Platz wieder zu verlaßen und rechts abzumarschiren. Der Commandant erwähnter Batterie ersuchte, als er dieses sahe, seine rechte Flanque nicht zu entblößen und einen Theil stehen zu laßen. Der Herr Oberst-Lieutenant von Hartitzsch, dem ich dieses melden ließ, genehmigte, daß ich mit dem linken Flügel stehen blieb.

Hierauf avancirte bis in die Linie der Batterie. In kurzen placirte sich auf meinem rechten Flügel eine andere halbe preußische Batterie. Die Batterie feuerte heftig und wurde beschoßen von französischen Geschütz. Tirailleurs tödteten einige und bleßirten viele Leute. Diesen setzte ich, ohne die Schützen, welche vorher, ehe die preußische Batterie sich auf meine rechte Flanque placirt hatte, dieselbe gedeckt hatten, Freywillige entgegen, nachher aber die Schützen unter Commando des Lieutenants von Egidy und von Haupt – welche sich sehr unerschrocken und tapfer benommen haben. – Mit dem Bataillon stand ich, das Gewehr beym Fuß habend, einige Stunden. Meine Mannschaft behielt ihre Contenance bey alledem, daß so viele ihrer Cameraden fielen durch das Beyspiel der Herren Officiers aufgemuntert.

Nachdem die Regimenter des rechten Flügels, welche in großen Zwischenräumen stunden, sich zum Theil zurückgezogen hatten, so entfernte sich die mir zur rechten stehende Batterie, die mir zur linken aber behauptete ihren Platz, und neben ihr in der linken Flanque das Füsilier-Bataillon Rabenau.

Endlich fing auch sie an zu retiriren, aber nur in kurzen Distancen, indem sie wieder Front machte und feuerte. Ich folgte dieser in allen und bezeuge, daß das Bataillon immer in Ordnung blieb und auf der Stelle wieder Fronte machte. Die Batterie veränderte mit mir die Direction links, ich fiel hierauf in Wendung und begleitete die Batterie.

Ein Adjutant des Prinzen bezeugte, daß das Bataillon seine Schuldigkeit gethan, und das wir Soutien erhalten würden, der aber nicht kam. Die Batterie marschirte in die Rudolstädter Straße so daselbst einen Hohlweg bildet. Hier sahe ich, daß sie wegen andern Geschütz, wovon Canonen umgeworfen waren nicht fort konnte, ich setzte mich daher neben solche auf die linke Seite, wo ich solange blieb, bis in kurzen sich französische Husaren en Masse auf jener Seite des Weges zeigten; ich marschirte also dahin und machte Fronte. Nachdem solche so nahe waren, daß ich sie mit Effect beschießen konnte, so chargirte ich sie, welches in einer solchen Ordnung und guten Richtung geschahe, daß diese Cavallerie umkehrte. Einige Escadrons sächsische Husaren, die indeß auf meinen rechten Flügel unter

Commando des Herrn Obersten von Pflugk, der von diesen Akt Zeugnis geben kann, sich gesetzt hatten, attaquirten hierauf diese Husaren. Allein nur wenige Moments darauf kamen sie mit französischen Husaren in einer solchen Schnelligkeit zurück, und dies Ganze warf sich auf meine Divisions und ritten sie über den Haufen, was stund, ward vom Feinde gehauen und gefangen gemacht, welches Schicksal ich, der Lieutenant von Strauwitz, von Bernewitz, Major von Luttitz, Lieutenant von Egidy, Faehndrich von Zedtwitz und Fahnjunker von Wolfersdorf, letztere 4 zugleich stark bleßirt, hatten. Außerdem wurden noch der Faehndrich von Röder und von Scheubner 2te bleßirt, doch nicht gefangen. Von Gemeinen hatten diese beyden Compagnien 6 Todte auf dem Platz, 84 Bleßirte und etliche 80 Gefange.

Ich bin den Herren Officiers sämtlich das Zeugnis schuldig, daß sie sich als brave und ehrliebende Männer bewiesen, die ihren Leuten das beste Beyspiel gaben, welches seine Würkung nicht verfehlte, indem kein Mann seinen Paltz, ohne Ordre oder Bleßur verlaßen, und mein Commando pünktlich befolgt hat. Der Fahnjunker von Wolferdorf hat seine Fahne, mit der er sich erst gewehrt und endlich auf sie gelegt, nur dann nehmen laßen müßen, bis er durch 3 gefährliche Hiebe in Kopf außer Stand gesetzt war, es zu verhindern.

Friedrich Gottlob von Steindel

Major

Bericht Schützenoffizier 2tes Bataillon – Sous-Lieutenant von Egidy

Rapport an den Generalmajor Bevilaqua

Am 9ten October d.J. war ich zur Ordonanz bey Sr. Königl. Hoheit, dem Prinzen Louis Ferdinand von Preußen commandirt, und musste auf dessen Befehl denselben Tag Abends 10 Uhr von Rudolstadt aus, wohin wir erst eingerückt waren, mit Depeschen an S^r. Durchlaucht den regierenden Fürst Hohenlohe Ingelfingen nach Jena reiten.

Bey meiner Abfertigung erhielt ich von dem 1sten Adjutanten S^r. Durchl. dem Hauptmann von Kleist nachstehende Instruktion: ich würde Courier-Pferde bekommen (welche ich aus Mangel an Post-Pferde aus dem Stalle S^r. Durchl. des Fürsten von Rudolstadt erhielt) womit ich bis auf die erste Station Uhlstädt reiten sollte. Doch könne er mir nicht sagen, ob der Fürst noch in Jena sey, ich solle mich dahero genau erkundigen, ob er in den nachstehenden Orten zu finden sey, als : Orlamünde, Cale, Jena, und Neustadt. In Cale erfuhr ich bestimmt, daß der Fürst bis 3 Uhr des Morgens in Jena zu treffen sey, allwo ich auch 2¾ Uhr eintraf, meine Depeschen überreichte, und nachstehenden mündlichen Befehl von S^r. Durchl. an Sr. Hoheit den Prinzen Louis erhielt : „ *S^r. Durchl. ließen sich Ihro Königl. Hoheit empfehlen, und er möchte nicht ungnädig nehmen, daß er ihm das nicht schriftlich überschicke, was er mir mündlich aufgetragen hätte. Er wäre aber so eben in Begriff, von hier aus nach Cale zu reisen, wohin er heute als den 10ten sein Hauptquartier verlegt hätte. Er würde* sich von da sogleich nach Neustadt begeben, wohin er den General Lieutenant von Zeschwitz, General Major von Burgsdorff, und General von Tauenzien hinbeschieden hätte. Er gedächte daselbst um 10 Uhr einzutreffen, würde die ganze Linie bereisen, und dahero vielleicht heute oder doch längstens Morgen früh selbst das Vergnügen haben, S^r. Hoheit zu sehen. S^r. Hoheit sollten in der gestern genommenen Position bey Rudolstadt stehen bleiben, und nicht angreifen, indem er befehligt wäre, die Linie zu behaupten, die der Saalgrund deckte. Er hoffte, daß S^r. Königl. Hoheit die Vorposten von Ilmenau nicht würden zurückgezogen haben, indem dadurch eine Lücke auf des Königs Armee träfe. Der König hätte sein Hauptquartier gestern als den 9ten nach Blankenhayn verlegt, woselbst sich der rechte Flügel anstützte, der linke Flügel der Königl. Armee reichte bis Ilm. Recht sehr freute er sich, S^r. Hoheit sagen zu lassen, daß die Gefechte vom 8ten und 9ten zwischen den General Tauenzien und dem Feinde ganz zur Avantage des erstern ausgefallen wären. Den 8ten hätte sich zwar der General Tauenzien wegen Sicherstellung seiner Equipage bey Schlaiz zurückziehen müssen, den 9ten aber habe er den Feind bis Saalburg geworfen. Der Verlust wäre sehr gering, und bestände nur aus einigen Sächsischen Dragonern, und etlichen Preußischen Füseliers."

Hierauf wurde ich von S^r. Durchlaucht entlassen, und verfügte mich zum General Quartiermeister, Obersten v. Massenbach, woselbst ich einen Rapport von dem Hauptmann v. Kleist abzugeben hatte, welcher mir nach Durchlesung dieses Rapportes den Auftrag gab, „ihm S^r.

Hoheit und dem Hauptmann v. Kleist zu empfehlen, er wäre mit ihnen ganz conform."

Darauf bin ich nach erhaltenen frischen Pferden 3¼ Uhr wieder abgereist, und 9¾ Uhr in Rudolstadt eingetroffen, wo mir S^r. Durchlaucht der regierende Fürst ebenfalls aus Mangel an Postpferden, von seinen eigenen welche überließ, mit welchen ich das auf dem Marsch befindliche Corps 10½ Uhr hinter Schwarza auf der Straße nach Saalfeld antraf.

Bey dem in Schwarza angetroffenen Lieutenant v. Nostitz, Adjutant Sr. Königl. Hoheit, erkundigte ich mich, wo der Prinz zu treffen sey ? Dieser erwiederte: er würde mich sogleich zu ihm bringen. Nachdem wir nun an verschiedenen Orten den Prinzen nicht fanden, und mein Pferd wegen des zu schnellen Reitens nicht mehr fort konnte, war ich nothgedrungen, die mir gegebenen Aufträge von S^r. Durchlaucht dem Adjutanten v. Nostitz zu übertragen. Sobald ich aber mein bey dem Regimente befindliches Pferd getroffen hatte, ritt ich selbst zu S^r. Hoheit, welchem ich an dem Hohlweg, so sich gleich vor Saalfeld befindet, begegnete.

Wie ich ihm nun die mündlich übergebenen Befehle überbringen wollte, so hörte er mich nicht weiter an, sondern versicherte mich: *„Er wisse schon alles durch den Herrn v. Nostitz."*

Von da übernahm ich alsdann sogleich das Commando der Schützen des 2ten Bataillons, welche ich an der Tete der Colonne vor Saalfeld traf. Darauf wurde ich mit solchen, nachdem das Regiment in die formirte Linie eingerückt war, etwas links in einen Hohlweg detaschirt, von wo aus ich, ohne daß ich mit dem Feinde engagirt gewesen wäre, Befehl erhielt, dem Bataillon zu folgen, welches zur Deckung der Batterie bestimmt war. Nachdem von diesen die zwey Compagnien des rechten Flügels, so wie das 1ste Bataillon Befehl erhielten rechts abzumarschiren, und in die Linie der andern Bataillons zu rücken, so muste ich mich mit den unterhabenden Schützen in das zwischen der Linie und der Batterie befindliche leere Terrain postiren, und solches vertheidigen. Da nun aber die zwey Compagnien des linken Flügels vom 2ten Bataillon unterm Commando des Majors v. Steindel von den feindlichen Tirailleurs zu sehr gedrängt wurden, so muste ich auf Befehl gedachten Hrn. Majors mich vor die beyden Compagnien zu derselben Deckung setzen, woselbst ich auch in dieser Stellung bis zu deren Rückzug nach Wehlsdorf verblieb, und diese Retraite deckte.

So wie der Major v. Steindel mit beyden Compagnien Halt machte, und den Choc der Cavallerie erwartete, so sammelte ich mir meine noch übrig gebliebene Schützen, und setzte mich bey der auf dem linken Flügel befindlichen Canone, woselbst ich aber bey dem Einhauen der Cavallerie schwer verwundet und gefangen wurde.

Zeitz, den 7ten December 1806

August von Egidy
Sous-Lieutenant

Bericht Artillerieoffizier – Premierlieutenant v.Hiller

Rapport an den Oberstleutnant Rouvroy

Die drei Artillerie-Detachements von den Regimentern Churfürst, Prinz Xavier und Clemens, bezogen den 29^n Septbr: mit ihrem Geschütz das Marschquartier Pleisa, wo sie den 30^n Septbr: daselbst Rast hatten, der zum Execiren angewendet wurde.

Auf den erhaltenen Befehl, daß zu diesen drei Detachements die Artillerie des Bataillon Thiollaz stoßen und bei meiner zu führenden Colonne so lange marschiren sollte, bis sie die Nähe ihres Bataillons erreicht haben würde, benachrichtigte ich den Lieutenant Silber der den 30^n in Oberrabenstein eintraf davon, und wir bezogen der Marschroute gemäß den 1sten Octbr: das Nachtquartier Oberndorf bei Lichtenstein, den 2ten Gablenz bei Crimmitschau, den 3ten aber die Artillerie von Churfürst und den Bataillon Thiollaz, Mosen, die Detachements von Prinz Xavier und Clemens Winschdorf. Den 4ten, 5ten und 6ten war ich in Gera den Befehl zu erhalten, den 5ten erreichte das Detachement von Thiollaz sein Bataillon zu Weida. Auf den am 6ten erhaltenen mündlichen Befehl von S^r. Excellenz den commandirenden Herrn General, mich mit meinem Detachement des baldigsten zu meinen Regiment zu verfügen, und die beiden andern Detachements dergl. dahin abzusenden, marschirte ich denselben Tag auf den Wege nach Kahla bis Borstendorf, den 7ten erreichte ich Kahla, welches das Regiment früh verlaßen hatte um nach Teichel bei Rudolstadt zu marschiren, den 8ten folgte ich ihm dahin, und mußte den

9ten nach Stadt-Ilm aufbrechen, wo selbst ich das Regiment erreichte, es aber im Abmarsch nach Rudolstadt antraf, dahin ich ihm auf dem Fuß folgte.

Den am 9ten Abends erhaltenen Befehl zu Folge, sollte das zu Rudolstadt sich befindende Corps den 10ten früh 7 Uhr zum Abmarsch bereit stehen. Der Abmarsch erfolgte auch, und der Weg wurde nach Saalfeld genommen. Ich erhielt den Befehl meine vier unterhabenden Canons den Flügeln der Bataillons anzuhängen, den ich befolgte, und für meine Person den Posten am rechten Flügelcanon bestimmte, um da der Abmarsch rechts genommen war, meinen übrigen Canons bei erfolgender Bewegung als Richtschnur zu dienen als auch um jeden Augenblick an einen bestimmten Ort anzutreffen zu seyn.

Den Feuerwerks Corp: Kunath von des Major Birnbaums Comp: der mir schon auf dem Marsch die Beweise unermüdeter Thätigkeit und Brauchbarkeit abgelegt hatte, war insofern die Artillerie des 2ten Bataillons übergeben als ich nicht dabei gegenwärtig seyn konnte, da ich zumal in der Folge der Action bemerkte daß meine Gegenwart an den angenommenen Posten nothwendig blieb.

Der Marsch wurde en Colonne bis kurz vor Saalfeld fortgesetzt, wo der Aufmarsch der drey sächsischen Regimenter rechts erfolgte, und soviel ich bemerken konnte die Artillerie durchgängig in ihre Intervalle rückte.

Das Regiment Churfürst zog sich auf erhaltenen Befehl bis in die Hohlung des Weges der nach Saalfeld führt zurück, wo ihm meine Artillerie folgte.

Nächst vor des Regiments linken Flügel war bei unsern Aufmarsch schon eine königl. preuß. Batterie im Feuer begriffen, feindliche Truppen die sich von einen Berge herabzogen zu beschießen. Eine feindliche Batterie befand sich ganz in unsrer linken Flanque, so daß sie uns bei bald erfolgenden Vorrücken mit in den Rücken nahm. Das Regiment erhielt nun den Befehl vorzurücken und als wir diesen gemäß 6 bis 800 Schritt avancirt waren und ein Halt erfolgte, fand ich die Gelegenheit feindliche Cavallerie auf eine Weite von ohngefähr 1400 Schritt und nicht ohne Wirkung zu beschießen, daß auch von meinen übrigen Canons jetzt geschah, wodurch besagte Cavallerie bewegt wurde sich einigemals von diesen Puncten zurückzuziehen.

Eine große Intervalle, zwischen dem Regiment Churfürst und Xavier nunmehr zu schließen, zog sich das Regiment Churfürst rechts, bei welchen, so wie von den Vorrücken an, wir immer von leichter Infanterie beschoßen wurden. Sie verwundeten mir auf die Weite von 7 bis 800 Schritte Leute, waren hinter Hecken und Zäunen postiert, wo ich ihnen keinen Abbruch thun konnte mit Cartätschschüßen deren ich einige mit großer Elevation versuchte, nicht die geringste Wirkung aber verspürte.

Die feindliche Batterie in unsrer linken Flanque, aus deren Weite wir noch nicht entfernt waren, schien soviel ich zu merken Zeit hatte, dem Regiment Churfürst keinen Abbruch zu thun, die Kugeln derselben schlugen meist hinter unsrer Front auf, gingen hinter den Regiment weg und vermuthlich einige in die Regimenter Clemens und Xavier, die zwar viel entfernter von der Batterie aber höher standen, dagegen das Regiment

Churfürst in seiner linken Flanque eine kleine Höhe hatte von der es sehr gedeckt wurde.

Das Regiment avancirte soviel ich mich noch deßen erinnern kann nach seiner Bewegung rechts nur wenig, sondern zog sich vielmehr bald zurück.

Das Terrain war vor der Front bis auf einige Wege und Gruben ziemlich gleich anlaufend, hinter unsrer Front mit Hohlungen und Hohlwegen nach der Saale zu sehr durchschnitten, so daß es allen Canons ihren Flügeln auf den Fuß zu folgen ohnmöglich wurde.

Der Rückzug ging noch eine Zeitlang in ziemlicher Ordnung, obgleich unsre rechte Flanque von Tirailleurs ziemlich beunruhigt wurde nach der Saale zu, wo nicht weit entfernt von dieser sich zwei meiner Canons bei meinem rechten Flügel mit einfanden, die unumgänglich in den Hohlweg hineinfahren mußten, der auch mir zu paßiren nur übrig blieb. Kurz vor diesen Hohlweg wurde der rechte Flügel des ersten Bataillons befehligt ein kleines Thal in den sich Obstgärten befanden und daß mit feindlicher leichter Infanterie angefüllt war, von diesen Tirailleurs zu reinigen, die uns in unsrer rechten Flanque den Rückzug abschneiden wollten, welches denn auch dieses halbe Bataillon in ganz kurzer Zeit auf einige Minuten bewerkstelligte. Während dieses ausgeführt wurde erhielt ich Zeit mich jenseits des Hohlweges zu placiren, den ich indeß zurückgelegt hatte, wo ich auch einige Schuß auf die hinter den 2 Compagnien hereindringende leichte Infanterie that. Das eine der bei mir eintreffenden Canons, war während der Action an der Maschine schadhaft geworden, daher ich es aufprotzen, und als vor der Hand unbrauchbar nebst 3 Munitionswagen unter Aufsicht des Schirrmeisters den Weg nach Rudolstadt nehmen ließ, während ich dem Regiment zu folgen suchte. Unter manchen Beschwerlichkeiten folgte ich auch ihm bis in ein kleines Thal durch welches ich nothwendig mußte, und mit einigen Augenblicken Aufenthalt auch hinein gefahren war, wo ich mich nunmehr aber auch von ihm trennte, da dasselbe einen Rand hinab eilte der durchaus nicht fahrbar war. In diesem Zustande, wo Bäume, und andre Hinderniße mir das schnelle Fortkommen unmöglich machten, in diesen elenden Zustande ohne Bedeckung drangen jetzt leichte Truppen von allen Seiten herein die lediglich auf uns ihr Feuer richteten, wo ich ihnen keinen Abbruch mehr thun und nichts mehr nützen konnte, befahl ich die Vorderwagen abzuhängen, und folgte mit der mir noch übrigen Mannschaft dem Regiment durch die nahe Saale, ohngeachtet wir an deren Ufer feindliche Husaren trafen.

Ich mußte also an diesen unglücklichen Tag 2 meiner Canons selbst den Feind überlaßen, das, des linken Flügels gerieth schon früher als diese beiden in ihre Hände, und nur eins und ein Munitionswagen wurde gerettet, da die andern beiden Munitionswagen in der Folge des Rückzuges über Rudolstadt verloren gingen.

Es ist den bei einem Regiment stehenden Artillerie-Officier ohnmöglich bei solchen Umständen und solchen ungünstigen Terrain sein Geschütz immer zu übersehen; entschiedene Vortheile müßte das Ganze genießen, wenn er es nach der Weisung älterer und neuer Militairs als Batterie formirt unter seiner steten Aufsicht beisammen behält, besonders dann wenn sein Gegner durch ein Heer leichter Truppen ihn jede Vereinzelung wird schwer fühlen laßen, daß meines Erachtens auch eine der Artillerie proportionierte und von ihr unzertrennliche Bedeckung nothwendig machen wird. Die große Eigenschaft einer guten Infanterie, die Leichtigkeit mit der sie so oft Hinderniße aller Art übersteigt, widerspricht schon die Idee die schwerste Truppe so eng mit der leichtern verbinden zu wollen, wie es bisher mit der Regiments-Artillerie der Fall ist.

Ich kann übrigens nichts näher von den Umständen dieses Tages aufzeichnen, meine Aufmerksamkeit war zu sehr auf meine Canons gerichtet, und ich war zu oft durch das Terrain verhindert von den ganzen eine genaue Uebersicht zu bekommen. Ich hatte nicht ohne Gefahr mit weniger Mannschaft die Saale paßirt und ging in der Colonne des Regiments die untermengt von andern versprengten Truppen den Weg nach Rudolstadt zu, dort die Saale über eine Brücke zu paßiren, von der aber den Weg nach Kahla zu, wo ich das Canon nebst einen Munitionswagen antraf, ich befal ihnen in der Colonne der Equipage in der sie sich befanden fortzufahren, und in Kahla des baldigsten den anbefohlnen Weg über Jena nach Weimar zu nehmen. Ich ging selbst nach Weimar das anfänglich zum Sammelplatz bestimmt war, um daselbst zerstreute Mannschaft der Artillerie zu sammeln, und traf den 11ten früh gegen 10 Uhr daselbst ein.

Nur wenige hatten diesen Weg gewendet, und der größere Theil der bei der Affaire geworfenen drei Regimenter war bei Jena geblieben, wohin ich da ich es erfuhr den 12ten des Morgens abging. Ich traf mein Canon noch unterwegs, und da ich den Regiment mit einen beschädigten Canon nur zur Last seyn konnte, so suchte ich von Ew. Hochwohlgebr. Befehl zu erhalten wohin ich mich verfügen sollte und erhielt von Denenselben den 12ten des Abends die Ordre einstweilen bis sich Gelegenheit fände das Canon wieder herzustellen zur Batterie des Hauptmann Haußmann zu stoßen.

In der Bataille von Jena befand sich Canon und Munitionswagen bei den Requisitenwagen der Batterie einstweilen noch, weil man noch nicht wußte wo es zur Reparatur sicher hinzuschicken war, auch sämtliche Truppen ausgerückt waren. Unangestellt am 14ten folgte ich diesen gegen Mittag, sie befanden sich in den Train der ganzen Equipagen, durch den Einfluß der Macht der großen Eile und der ungeheuren Unordnung aber trennte sich hier das Canon von den Munitionswagen, und andern Wagen der Batterie. Es folgte nach Magdeburg, wo zu diesen Canon die beiden und ein Munitonswagen von den Bataillon Thiollaz stießen, und ich sie nebst einen dazu gekommenen Wagen einer Batterie solange auf den Wege nach Dresden bei der übrigen Equipage begleitete, als diese unter den Befehlen des Majors von Zeschau stand. Als der Hauptmann von Bohse nebst einen Paß aber den Auftrag zu deren fernerer Führung nach Dresden erhielt, schlug ich den graden Weg nach meiner Garnison ein.

Freyberg den 15ten Novbr 1806
Carl Friedrich Frhr von Hiller
Premier Lieutenant

Sr. Hochwohlgebr.
Den Herrn Obrist-Lieutenat
Rouvroy

Gehorsamste Anzeige

Noch habe Ew. Hochwohlgebr. gehorsamst zu melden daß sich der unter meinen Commando gestandene Feuerwerks Corp: Kunath von des Major Birnbaums Compagnie in der Affaire bei Saalfeld ausgezeichnet tapfer und entschloßen benommen hat, so wie er mir auch auf Märschen alle Beweise der größten Sorgfalt stets zeigte.

Freyberg den 15ten Novbr 1806
Carl Friedrich Frhr von Hiller
Premier Lieutenant

Teil II

Infanterie-Regiment Prinz Clemens

Teil II   Infanterie-Regiment Prinz Clemens

Bericht 2tes Bataillon – Major Kändler

Schreiben an den Oberst Lieutenant von Agner

Gehorsamster Rapport

Nachdem ich nun mit dem 2ten Bataillon Prinz Clemens, den 10. October d. J. meine Position zu behaupten, 4 bis 500 Schritt, vor den für uns liegenden dichten und hohen Holze, auf eine Anhöhe zu stehen kam, wobei das 1ste Bataillon Clemens, mir einige hundert Schritte links, und neben mir rechts ein tiefes Thal, wo in demselben ganz weit vor, etwas preußische Füsiliers standen, und rechts rückwärts auf einem steilen Berge, der alles praedominiren konnte, an dem Holze das Müfflingische Regiment, mehrentheils mit zur Deckung der Batterie aufgestellt war, um den Feind die rechte Flanque nicht umgehen zu laßen, wozu ich auch die 1ste Division vom 2ten Bataillon, unter dem Hauptmann von Römer mit dahin detaschiren mußte, welcher sich auch allda, nebst dem Prem.Lieut. von Schindler und Fähndrich von Keßinger, wie solche zuletzt auch im Rücken, von der Chaussée, mit angegriffen worden, die längste Zeit sehr gut gehalten, und nur unter währenden Gefecht, sich kaum unter dem 2ten Berge, erst ans Bataillon anschließen konnten, welches aus beiliegenden Rapport zu ersehen.

So wie ich nun in die angegebene Position vorgerückt war, und die Scharfschützen durch den Lieut. von Werthern, sich schon lange mit den feindlichen Terraleurs im Holze engagirt, und solche sehr weit zurück gedrängt hatte, so trug sichs gleichwohl zu, daß sich welche allda versteckt gehalten, und mir in kurzer Zeit, in dieser Entfernung 6 Mann, und mein eigens Pferd unter mir, durch 2 Streifschuß leicht bleßirten, bis ich zu mehrerer Sicherheit der Leute, weil man niemanden sahe, über 100 Schritt an eine kleine Erhöhung vorrückte, allwo auch sodann, eine Weile darauf, weil sich die feindlichen Terraleurs sehr verstärkt, und die unsrigen sehr zurückgedrängt worden, die 8te halbe Division, wobei der Lieut. von Hünerkop und Fähndrich v.Schreibershofen stand, durch den Lieut. v.Werthern abgeholt, und auf Befehl mit zum Soutien gegeben wurde, welches aus dem Rapport des Prem. Lieut. v.Werthern, so mit ausgezeichneter Bravour seine Schützen immer sehr thätig führte, und zuletzt bei Jena durch einen Kanonenschuß vom Pferde geworfen, wobei er den Arm zerbrochen, das mehrere zu ersehen. Wobei ich nun noch bemerke, daß der Corporal Spaarwald von den Schützen, welcher in voriger Campagne die silberne Medaille erhalten, gleich anfänglich durch die Wade geschoßen, lange Zeit darauf erst heraus kam, sich nur etwas verbinden ließ, und durchaus wiederum ins Holz wollte. Wobei auch alsdann der Lieut. v.d.Planitz schwer bleßirt, und der Lieut. v.Hünerkop und Fähndrich v.Schreibershofen ebenfalls auf der Retraite, mit gefangen worden sind, und nur zu bewundern, wie der Prem.Lieut. v.Werthern und Lieut. Selchow, hinter den Franzosen wegkommen könne.

Uibrigens wurden wir unterdessen in unsrer Position weiter vorhero nicht angegriffen, bis dann zum Erstaunen, der ganze linke Flügel durch eine starke Cavallerie Colonne überflügelt, und die ganze Masse durch eine zu große Uibermacht zurückgeworfen wurde.

In diesem Moment, wo sich nun auch alles von unten herauf auf die Batterie mit warf, schickte der Herr General Major v.Bevilaqua seinen Adjutanten mit dem Befehl, sogleich mit dem 2ten Bataillon auf jenen Hang zum Müfflingischen Regiment zum Soutien zu stoßen.

Ich schickte daher mein noch bei mir habendes Kanon, ganz nach rechts rückwärts, nach der Chaussée weil das andere schon rückwärts im Thal gestanden dahin retirirte, um mit diesen noch vor das 1ste Bataillon zu kommen, und allda mit anzuschließen, weil ich durch dieses Praecipisse gar kein Kanon mitnehmen, noch weniger den steilen Hang hinauf bringen konnte. Unterdessen hatte der Herr General Major v.Bevilaqua alles gethan, was er thun konnte, um die Batterie zu erhalten; allein so wie wir ins Thal kamen , und den Hang hinauf stiegen, wurden wir schon von 3 Seiten beschoßen, denn ehe wir noch oben herauf kommen konnten, war die Batterie schon verloren, und wie wir alsdann aufmarschirten, trafen wir nur noch etwa 15 preußische Scharfschützen im Feuer, die da oben weggingen, wobei vorgedachter Herr General Major noch hielt, und mir befahl, die rechte Flanque vorzunehmen.

Indem ich dies nun that und den Berg noch corroniren wollte, auch der Hr. General ganz sahe, daß wir nun von 3 Seiten eingeschlossen waren, so sagte derselbe: „Sie können nun hier nicht länger mehr bleiben, machen Sie rechts um, und sehen Sie zu, sich immer so gut wie möglich, mit Ordnung durchs Holz, zu diesem Regiment zu halten.".

Dieses habe ich auch gethan, so gut wie mirs möglich zu machen war, und mußte und konnte mich, da wir von der Chaussée nun ganz abgeschnitten waren, ohne das ganze Bataillon gefangen nehmen zu laßen, gar nicht mehr nach Rudolstadt wenden, sondern immer links, meiner vorgeschriebenen Direction, hinter dem Müfflingischen Regiment, mit äußerster Mühsamkeit, nur in beständiger großer Entfernung folgen, wo uns gleichwohl bei aller Anstrengung dennoch 2mal der Uibergang, von einem Berg zum andern, im 2ten Thale, und zuletzt durch die Schwarza, von der schon vorüber gerittenen feindlichen Cavallerie, die sich nun von uns abgeschnitten hielt, allezeit sehr erschwert, und bis dahin verfolgt worden.

Hier war es nun, daß der Major v.Koppenfels und Fähndrich von Kaufberg, welche den Berg hinab die ersten waren, so ganz unvermuthend auf die feindlichen Husaren stießen, die das Müfflingische Regiment beim Uibergang der Schwarza, vor uns verfolgten, die sehr löbl. Entschloßenheit hatten, zuerst zu schießen und wobei der Herr Major v.Koppenfels selbst, mit einem Gewehr, auf die sich nun retirirenden Husaren Feuer gegeben, wodurch auch einige herunter geschoßen worden, worauf alsdann auch gar nichts weiter auf uns gestoßen.

Nachdem wir uns nun wieder nach diesem Uibergang formirt, und die Herren Officiers über Müdigkeit klagten, weil sie alle durchs Wasser gegangen, und durchaus naß waren, so stellte ich ihnen vor, daß wir ohne Gefahr hier nicht länger bleiben, und dem Regiment Müffling, welches noch mehr links gegangen, und uns aus den

Augen gekommen war, doch folgen müßten, wozu ich auch auf dem Felde einen Schäfer zum Wegweiser fand, und ihn dafür bezahlte, welcher uns über 1 Stunde lang, nachdem uns die preußischen Jäger versichert hatten, daß 2 Escadrons Pariser Husaren vor Rudolstadt auf der Chaussée stünden, selbst mit uns gingen, und über die aller ungangbarsten Berge und Thäler, jedoch mit aller Behutsamkeit führte, so, daß wir von weiten das Müfflingische Regiment wiedersehen konnten, welches eben wieder links bei einem Dorfe dichte vorbei ging, aber auch von keinen Feinde gar nicht mehr angefochten worden, so wurde ich gleichwohl, wie wir auf der Höhe nach Remda wieder anhielten, zu meinem Schrecken gewahr, daß der Herr Major von Koppenfels, Capit. v.Ebra, v.Steindel, Adjout. v.Witzleben, Fändrich v.Trützschler und v.Kaufberg nicht mehr hinter dem Bataillon waren, sondern nach Aussage der Leute vor dem Dorfe zurückgeblieben, auch noch einige Leute sich zurückbehalten hätten, und wohl etwas auszuruhen würden, oder einen andern Weg genommen, worüber selbige auch in Gefangenschaft gerathen, worauf ich aber dann, nachdem ich die längste Zeit die Leute ruhen ließ, das Regiment Müffling aber wieder weiter marchirte und selbige gar nicht kamen, auch schon dunkel wurde, bis nach Remda marchirte, allda im Freyen wieder 2 Stunden anhielt, bis das Regiment Müffling wieder vor uns wegging, noch 3 Stunden mit Laternen, bis an die preußischen Vorposten nach Dünheim marschirte, und allda mit diesen auch in 2 großen Häußern, 2 Stunden verweilte, und eine starke Wache hielt, bis sich die preußischen Vorposten auf

unsre Relation, wovon sie gar nichts wußten, zurückzogen, und ich nach diesen ebenfalls noch mit dahin
ging, und allda den Tagesanbruch erwartete, von da ich
den 11ten früh, um nun zu erfahren, wo das Sächsische
Corps stehen möchte, die Straße nach Erfurt einschlug,
und denselben Nachmittag 4 Uhr, wo ich zuvor den
Fähndrich v.Kessinger deshalb nach Erfurt schickte, von
dem General Lieut. Rüchel ein Nachtquartier nach
Bündersleben erhielt, von vorgedachten General aber,
die Nacht um 2 Uhr eine Ordre erhielt, welche ich Ihro
Excellenz dem commandirenden Herrn General
v.Zezschwitz durch den Fähndrich v.Kessinger
überschickte, nachdem ich auf des General Rüchel Ordre
in Erfurt den 12ten Octbr. früh 8 Uhr, eingerückt war, und
den 13ten die Wacht geben mußte, wo ich sodann von
Ihro Excellenz dem Herrn General v.Zezschwitzdoe hohe
Ordre wieder erhielt zum Sächsischen Corps zu stoßen,
aber erst den 13ten Abends 6 Uhr abgelöst wurde, und
abmarschiren konnte, bevor auch noch 400 Thaler Geld
von der dasigen Kriegs Casse, und Brod fürs Bataillon an
die Compagnien gab und mitnahm, denselben Abend
noch nach Nora, auf den Weg nach Weimar marschirte
und allda mit meinen Leuten, abwechselnd bivaquirte.

Früh 5 Uhr ging ich von da nach Weimar, von da nun
schon alles in die Position gerückt war, woselbst ich nun
solche zu finden hoffte, und immer von einem Orte zum
andern gewiesen wurde, bis ich dann zuletzt ganz vor
über den linken Flügel der preußischen Reserve
marschirt, und hinter dem 1sten Treffen stehen blieb, bis
ich dann bei der Retrait auf den linken Flügel der Reserve
ihre linke Flanque und die Batterie bis nach Weimar

decken mußte, wo ich dann das Regiment Churfürst,
woran sich der Hauptmann v.Mandelsloh und Fähndrich
v.Stutterheim mit noch einiger Mannschaft angeschlossen, und den Adjout. Pfaff allda fand und mit denselben
wieder rechts über die Chaussée mit dem 2ten Bataillon
in die Linie rückte, wo wir alsdann unter Commando des
Herrn General von Cerrini die weitere Retrait, erst bis
Cölleda, wo wir die Nacht 1 Uhr ankamen, und dann bis
nach Gommern fortgesetzt, welchen Tag also die Leute
20 Stunden hin- und zurückmarschirt, und kein Wunder,
daß die Hälfte , für Entkräftung, zwischen Brambach und
Cölleda beinahe liegen geblieben, und doch haben die
Herren Officiers, die da beim Bataillon geblieben,
denselben Tag und die mehresten Märsche, bis zu unsrer
Einrückung mit gleicher Thätigkeit continuirt, wobei der
Hauptmann v.Mandelsloh auf die alle mühsamste Art die
Adjoutanten Function selbst übernahm, mir alles, da ich
ohnehin lahm war, sehr erleichterte, und das Bataillon
besorgt war, so wie auch alle, die beim Bataillon
geblieben, als Capit. v.Neitschütz, v.Römer, Lieut.
Vitzthum, Fähndrich v.Stutterheim und v.Kessinger, allen
Eifer und Liebe vor den Dienst bewiesen, so, daß ich
einen jeden derselben auf Ehre und Pflicht nachsagen
muß, daß jeder mehr, als eigentlich die Kräfte erlauben,
gethan hat, und auch aus Ehrfurcht, bis zur Einrückung
unverdrossen geblieben.

Wobei ich auch zugleich mit versichern muß, daß auch
sämtliche gefangene Officiers des 2ten Bataillons sowohl
bei der Affaire bei Saalfeld selbst, als auch während der
Retrait, bis zu ihre Gefangenschaft, ihr Devoir, bis zu ihre
Gefangenschaft, mit gleichen Ehrgefühl sehr thätig

bewiesen, und um so mehr bedaure, da sie bloß aus Müdigkeit, um den Berg nicht hinauf zu steigen, bei dem Dorfe Schale, durch eine kleine Detour auf einen bessren Fußsteig zu gehen, und wieder an uns zu stoßen, ganz unvermuthet durch eine starke Cavallerie Patrouille in aller Stille abgeschnitten worden, was uns damals ganz unbewußt geblieben.

Worüber ich Ew. Hochwohlgebr. schon in Gommern, da ich die Ehre hatte, das Commando des 2ten Bataillons nebst der Fahne wieder zu übergeben, schon mündlich meinen Rapport gemacht, und sich selbst hinlänglich davon überzeugt haben werden.

Weißenfels d. 20.Nov. 1806

Heinrich Moritz Kaendler
Major

Bericht 2tes Bataillon – Capitaine v.Römer

Gehorsamster Rapport an den Major Kaendler

Bei der am 10ten October d.J. erfolgten Affaire von Saalfeld, wurde ich nach geschehenen Aufmarsch des Corps en Linie, auf Ew. Hochwohlgebr. Befehl, mit der 1sten Division des 2ten Bataillons Prinz Clemens zu Fuß, zu Deckung der von Hoyerischen Batterie commandirt; ich setzte mich mit der 1sten halben Division auf den rechten, und lies die 2te halbe Division auf den linken Flügel derselben rücken. Es wurde mit dieser Batterie bis in die Gegend des Dorfs Schwarze gegangen, wo der Capitaine von Hoyer sie auf einer nahe gelegenen Höhe aufzustellen im Begriff war; in diesen Augenblick aber, erhielt gedachter Capitaine den Befehl mit der Batterie wieder zurück zu kehren. Ich begleitete ihn bis ohngefähr 1000 Schritt vom rechten Flügel, der aufmarschirt stehenden Linie, wo die Batterie rechts abfuhr, ich aber von meinen Premier Lieutenant v.Schindler, welcher mich mit der 2ten halben Division erwartete, den Befehl mitgeteilt erhielt, mich mit der Division wieder an Ew. Hochwohlgebr. Bataillon anzuschließen. Ich trat meinen Marsch dahin sogleich an, als ich mich aber ohngefähr bis auf 60 Schritt den rechten Flügel des Bataillons genähert hatte, rief mir der Brigade Adjutant von Rüssel zu:

„das ich mich mit meiner Division auf eine rechts gelegene Anhöhe begeben und auf den rechten Flügel der dort stehenden Batterie setzen sollte, um mit den da

befindlichen Königl. Preußischen Bataillon von Müffling diese Anhöhe zu behaupten."

Ich erstieg diese Anhöhe sogleich mit meiner Division, fand hinter der Preußischen Batterie weggehend den Herrn General Major und Brigadier Bevilaqua selbst, welchen ich meine Bestimmung und Auftrag meldete, und mich auf meinen Posten begab.

Die Batterie fing an zu feuern.

Ich ließ, das mir rechts in Abhange gelegene Gehölze durch den Herrn Prem: Lieutnant v.Schindler untersuchen, der mir bald darauf meldete, daß meine rechte Flanque durch eine Abtheilung preußischer Truppen gedeckt sei.

Bald hierauf zog sich die Batterie zurück, und ich schloß mich dann sogleich an das links der Batterie stehende preußische Bataillon von Müffling, ohngefähr auf 6 Schritt Entfernung an. Bald darauf wurde dieses Regiment in seiner linken Flanque attaquirt, gab einige Salven und fing an sich zu retiriren, es setzte sich noch einmal, trat aber hierauf seinen völligen Rückzug an. Dadurch wurde mein linke Flanque entblößt, und der Angriff erfolgte auch sogleich auf mich; es wurden von meiner Division einige Soldaten gegeben, und noch einige Minuten Aufenthalt, so wäre ich völlig umgangen und abgeschnitten worden. Vertheidigend zog ich mich zurück, welches mir, durch vorliegendes kleines Gebüsche, Abhängen und steilen Anhöhen erschwert wurde. Ein anhaltendes Infanterie Feuer folgte mir, auch rothe Husaren kamen mir einige male nahe.

Fast 1 ½ Stunde weit mußte ich mit meiner Division unter unbeschreiblicher Anstrengung meinen Rückzug so fortsetzen, bis ich endlich etwas rechts abwärts Ew. Hochwohlgebr. mit den 2ten Bataillon des Regiments vor mir sah, und mich darauf hinzog. Zu dem Augenblick als das Bataillon durch den Fluß Schwarze ging, traf ich ein, und folgte selbigen.

Auf meinen Rückzug hatte ich 2 Verwundete, die auf dem Platz liegen blieben, 1 Mann mit Contusion suchte mit fortzukommen, und mehrere wurden wahrscheinlich durch Ermattung oder durch ungünstige Terrain abgeschnitten, wovon 2 in feindliche Gefangenschaft gekommen sind.

Diese Vorgänge mit meinen Detachements habe Ew. Hochwohlgebr. auf höchste General Commando Ordre vom 4ten Novembr. a.c. gehorsamst melden sollen.

Tennstaedt den 18ten Nobr: 1806

Hanns Friedrich August von Roemer
Capitaine

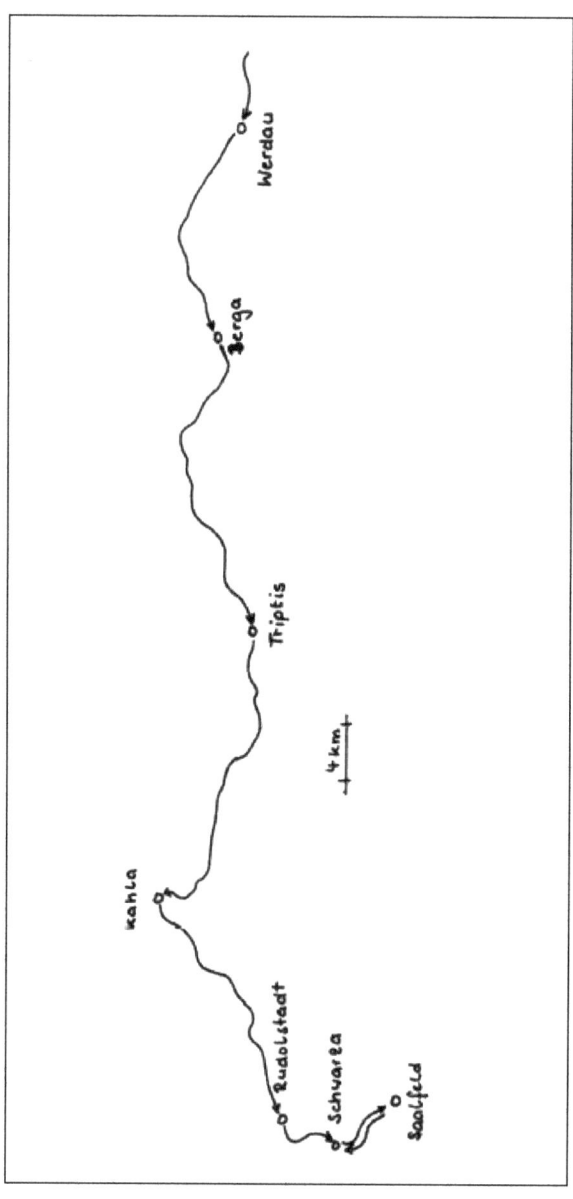

Abb.3 Marsch der Batterie Hoyer vom 02.-10.10.1806

Bericht Artillerieoffizier – Sousleutant Essenius

Gehorsamster Rapport an den Oberstleutnant Rouvroy

Am 8ten Octbr. marschirte ich mit den meinen Commando anvertrauten 4 Regiments Canon nach Kirchmenta bey Stadt Remta, und den 9ten ejusd. ging das Regiment Prinz Clemens, wobei ich mit meiner Artillerie stand nach Rudelstadt. Das Regiment nebst der Artillerie Mannschaft wurde in die Häuser verlegt und die Pferde mußten bivuoaquiren.

Den 10ten ejusd. früh um 6 Uhr marschirte auf General Marsch das Regiment Prinz Clemens mit seiner Artillerie ab, und nahm den Weg auf der Chaussée nach Saalfeld. Wir konnten ohngefähr eine Stunde marschirt sein, als auf der Straße Halt! gemacht, einige Escadrons Chur Sächsische Husaren vorgelaßen wurden und ich meine Canons laden ließ, worauf der fernere Marsch continuirte.

Während dem Marsch hörte man stets Gewehrfeuer und je näher wir Saalfeld kamen, desto ernsthafter ward das Musqueten und Canon Feuer.

Ohngefähr ¼ Stunde vor Saalfeld fanden wir die daselbst stehenden Königl. Preuß. Truppen mit dem Feinde in Action.

S^n Königl. Hoheit der Prinz Louis gaben den Befehl aufzumarschiren. Das Regiment Churfürst erhielt den linken Flügel, das Regiment Prinz Xavier die Mitte und das Regiment Prinz Clemens setzte sich auf den rechten Flügel, zwischen dessen beide Bataillons der Herr Hauptmann v.Hoyer mit seiner Batterie zu stehen kam.

Von meinen Geschütz hatte ich 2 Canons auf den rechten Flügel des 1sten Bataillons und 2 Canons auf den linken Flügel des 2ten Bataillons postirt.

Dem Regiment Prinz Clemens zur Rechten stand in einer kleinen Entfernung hinter einer Anhöhe das Königl. Preuß. Infanterie Regiment v.Müffling, sowie links neben dem Regiment Churfürst einige Escadrons v.Schimmelpfennig Husaren, das Füßelier Bataillon v.Rühl, Bataillon v.Rabenau und 1 Königl. Preuß. Fußbatterie sich befand.

Wir waren kaum aufmarschirt, als der linke Flügel, der von feindlicher Cavallerie attquirt wurde, zu feuern anfing, und da der Feind Miene machte, unsere rechte Flanque zu tourniren, mußte das Regiment Prinz Clemens sowie ich mit dessen Artillerie und die v.Hoyersche Batterie sich weiter rechts ziehen. Wir hatten kaum diese Position genommen, als wir mit Musquetenfeuer empfangen und Verschiedene unsrer Infanterie bleßirt wurden. Der Herr Capitaine v.Hoyer erhielt Befehl mit seiner Batterie unter Bedeckung einer Division Prinz Clemens von uns weg zu gehen, und sich an das Königl. Preuß. Regiment v.Müffling zu attachiren, auch wurden unsere Scharfschützen vorgerufen, die sich lange Zeit mit den feindliche Tirailleurs in dem vor uns liegenden Gehölze unterhielten, sie einigemale repousirten, endlich aber durch die Übermacht des Feindes zurück geworfen wurden.

Hierauf nun rückte die feindliche Infanterie und Cavallerie immer stärker an, und als ich sie mit meinen Geschütz wirksam erreichen konnte, ließ ich mit Cartätschen auf sie feuern. Ob nun schon das schnelle

Andringen des Feindes dadurch gehindert wurde, so mußte jedoch, da der ganze linke Flügel geschlagen war und die ganze feindliche Macht sich auf unsren rechten Flügel warf, das Regiment Prinz Clemens, um nicht abgeschnitten zu werden, ebenfalls retriren. Ich deckte mit meinen Geschütz die Retirade des Regiments und verhinderte durch anhaltendes Cartätschenfeuer das Verfolgen des Feindes nach Kräften, bis ich endlich mit den 2 Canons des 2ten Bataillons hinter dem Regimente in ein uns im Rücken gelegenes Gehölze retriren mußte, wo ich aller nur möglichen Arbeit und Anstrengung ohnerachtet, da das Holz immer dichter und daher ganz unwegsam wurde auch mehrere meiner Leute bleßirt liegen blieben mit diesen 2 Canons, welche dem Regimente zu folgen nicht im Stande sondern an die zu dichte zusammengewachsenen Bäume feste gefahren waren, mich dem Feinde zu ergeben gezwungen wurde.

Die 2 Canons des 1sten Bataillons welche ebenfalls wegen ganz schlechter Wege, vielen Schluchten und dichten Gebüsche dem Bataillon nicht mehr folgen können, waren auf gleiche Weise dem mit Macht andringenden Feinde in die Hände gerathen.

Ich ward geplündert, der Churfürstl. Casse, aller Schriften und meiner sämtlichen Equipage verlustig, blieb bis zum 10ten Novbr. a.c. in französischer Gefangenschaft, ward während dessen mit dem ebenfalls gefangenen Artillerie Sous Lieutenant von Brause nebst noch mehreren Churfürstl. Sächs. Officiers über Saalfeld, Gräfenthal, Kronach, Bamberg, Würzburg nach Frankfurt am Mayn tranportirt, wo wir auf unser Ehrenwort unsre Freyheit bekamen, ich meinen Rückweg nach Sachsen antrat und am 25^n Novbr. a.c. in Freyberg beym Stabe mich wieder meldete; welches Ew. Hochwohlgebr. ergangener Ordre zu Folge ich hiermit ganz gehorsamst rapportire.

Sigl. Freyberg am 15^n Decbr. 1806

Johann Christian August Essenius
Sous Lieutenant d'Artillerie

Teil III

schwere 4pfündige Batterie v.Hoyer

Teil III schwere 4pfd. Batterie von Hoyer Seite

Bericht Batterie – Capitaine v.Hoyer, Leutnants v.Roth und Hirsch, Stückjunker Weise

Gehorsamster Rapport an den Oberstleutnant Rouvroy

Die schwere 4pfd. Batterie marschirte den 27^n September 1806 nebst der schweren 8pfd. Batterie unter Commando des Capitaine Haussmann jun. wie auch einigen Regiments Canons von Dresden aus nach Nieder-Schoena.

Den 28ten ejusd. nach Frankenstein

Den 29ten ejusd. nach Schoena bey Chemnitz

Den 30ten war daselbst Rast.

Den 1sten Octobr. marschirte die schwere 4pfd. Batterie nach Lichtenstein.

Den 2ten ejusd. nach Werdau.

Den 3ten ejusd. nach Berga.

Allhier verblieb die Batterie bis zum 7^n ejusd. an welchem Tage ich beyliegende Ordre und Marsch Disposition erhielt, zu Folge welcher ich in denen darinnen vorgeschriebenen Märschen, den 9ten in Rudolstadt, um Tages darauf den Marsch nach Nahewinden fortzusetzen, eintraf.

Eod. Die wurden die Infanterie Regimenter Churfürst und Prinz Clemens ebenfalls in Rudolstadt einquartirt, auch trafen Ihro Königl. Hoheit Prinz Louis von Preußen, wie auch der Churfürstl. Sächs. Herr General Major v.Bevilaqua daselbst ein, allwo ich mich sogleich meldete.

Den 10ten Octobr. Früh marschirte das Corps, dem allhier empfangenen Befehl und Disposition zu Folge, aus und gegen Saalfeld, meine unterhabende Batterie marschirte zwischen dem 1sten und 2ten Bataillon des Infanterie Regiments Prinz Clemens, einige Distance vor der Stadt ward Halt gemacht, und unsere leichten Truppen, als Husaren und Schützen vorpoussirt, darauf der Marsch gegen Saalfeld fortgesetzt; als man in der Gegend von Saalfeld ankam, dessen umliegende Anhöhen der Feind in Besitz hatte, begab ich mich, auf das erhaltene Avertissement *„daß aufmarschirt würde"* mit einem Officier der Batterie voraus, um zu sehen, wo dieselbe zur Deckung des Aufmarsches oder sonst einer Bestimmung an besten zu placiren sey.

Jetzt waren die leichten Trupen mit dem Feinde engagirt, auch eine Königl. Preuß. Batterie auf einer vor uns liegenden Anhöhe bereits in Action, meine Batterie aber, welche ich vor der Intervalle der beyden Bataillons Prinz Clemens auf einem erhabenen Terrain placirte, und laden ließ, durfte, wegen der noch überall vorwärts befindlichen leichten Truppen von unserer Seite, noch nicht schießen.

Als nun unsere Linie sich rechts zog, folgte die Batterie den Truppen in dieser Bewegung, welches auch bey einem nochmaligen Rechtsziehen geschah.

Nunmehr erhielt ich Befehl mit der Batterie, nebst einer Division von Prinz Clemens zur Bedeckung, hinter dem, wegen Bergen und Gräben allhier mit Geschütz nicht zu passirenden Terrain hinweg auf den rechten Flügel des Königl. Preuß. Infanterie Regiments v.Müffling mich zu setzen; nachdem ich zum 1sten Bataillon des erwähnten Regiments gelangt, welches auf einer ziemlich steilen mit Holz umgebenen Anhöhe stand, welche zu beyden Seiten eine Schlucht hatte, ward ich angewiesen, diese beyden Schlüchte, soweit solche mit dem Geschütz einzusehen möglich war, ein im Grunde liegendes Dorf und noch einige Avenuen, auf den vor uns liegenden Bergen zu bestreichen.

Nachdem also 3 Canons rechter Hand, 2 in der Mitte und 3 linker Hand auf dieser Anhöhe placirt waren, und man so einige Zeit den Feind erwartet hatte, zeigte sich solcher Anfangs gegen die Mitte bald aber an mehreren Puncten zum Angriff, welchen er mit einem lebhaften und wirksamen Tirailleur Feuer begann, sogleich aber durch das Feuer der Batterie zurückzuweichen genöthiget ward, welches auch bey einigen folgenden Angriffen geschah, wobey die 4pfd. Grenaden von augenscheinlich guter Wirkung waren.

Da nun endlich die weiter linker Hand dieser Anhöhe gestandenen Sächs. Truppen der feindlichen Uebermacht weichen mußten, welches ich aber nicht sehen konnte, und der selbige verfolgende Feind nun auch weiter links, und durch die Schlüchte der, von uns besetzten Anhöhe herum ging, und ich den Befehl erhalten, die Batterie zurückzuziehen, so wurde aufgeprotzt, und die Canons fuhren unter den Officiers der Batterie ab, und den Berg hinunter.

Johann Gottfried von Hoyer
Artillerie-Capitaine

Heinrich August von Roth
Artillerie Premier-Lieutenant

Johann Baptiste Joseph Hirsch
Sous-Lieutenant

Moritz Ludwig Weise
Stückjunker

Ich befand mich noch auf der Anhöhe, und hatte, da ich noch etwas zu bewirken oder wenigstens die Retraite zu decken hoffte, beym Abfahren der Batterie noch ein paar Canons zurückbehalten, es war aber nicht mehr möglich, damit etwas zu leisten, noch solche, da bereits Knechte und Pferde todt oder verwundet waren, in dem ungangbaren Terrain fortzubringen, indem der Feind auf einmal an mehreren Orten in den Schlüchten auf die Anhöhe eindrang, und auch die Infanterie, ohngeachtet ihres Feuers und aller Bemühung sich zu setzen, /: welches auch zum Theil gelang, bey ferneren Andringen des Feindes aber nicht bewürken konnte :/ zurück geworfen wurde.

Auch meine Bedeckung hatte sich nochmals gesetzt, konnte aber freylich hier nichts mehr leisten.

Da ich nun mein bereits vorher zurückgeschicktes Geschütz meiner Batterie gerettet glaubte und nicht wißen konnte, daß solches dem uns auch schon hinterwärts der Anhöhe mit Uebermacht tournirenden Feinde in die Hände gefallen, so blieb mir nichts übrig, als mit dem Reste der Truppen ebenfalls zurückzugehen. Auf dem ferneren Rückzuge schloß ich mich an das Bataillon Prinz Clemens, unter dem Herrn Major

Kaendler an, welcher Rückzug über Remda gegen Erfurt fortgesetzt wurde, um allda Brod für die Mannschaft zu faßen, und nach eingegangener Erkundigung den Marsch zum Sächsischen Corps fortzusetzen.

In einem in der Gegend von Erfurt uns angewiesenen Nachtquartier erhielt dieses Detachement Ordre von Königl. Preuß. Herrn General-Lieutenant v.Rüchel Excellenz, sogleich nach Erfurt einzurücken, allwo das Bataillon zum Dienst gezogen wurde. Noch vor dem Einrücken sendete ich den wieder zu mir gekommenen Schirrmeister an Ew. Hochwohlgebr. mit einer Meldung ab, und bedeute solchen zwar gegen Jena zu reiten, im Fall aber unsere Armée daselbst nicht mehr anzutreffen /: da man nicht eigentlich wußte, wo selbige stand :/ solche, wo es immer sey, aufzusuchen; dieser kehrte Tags darauf den Mittag wieder zurück, mit der erhaltenen Ordre, zu Folge welcher ich noch selbigen Tages gegen Abend, nachdem die vom Bataillon auf der Wacht stehende Mannschaft abgelöst und alles Anbefohlne besorgt worden war, nebst meinen gesammelten Artillerie Mannschaften mit dem Bataillon ausmarschirt, und den 14ten über Weimar uns an die retirirende Armée anschloßen, da ich sodann mit einem Theil derselben nebst einigen Officiers und Artillerie Mannschaften durch Weimar auf Erfurt ging, und, da die Nacht bereits eingebrochen, und da noch nichts bekannt war, wo die Armée sich setzen werde, so mußten wir die Nacht in Erfurt verbleiben.

Den15^{ten} früh erfuhren wir, daß sich die Sächsischen Truppen bei Langensalza sammeln würden, ich begab mich also so wie die übrigen Sächs. Officiers dahin, fand aber dort blos einzelne Sachsen und die Nachricht, daß unsere Armée bei Sondershausen stehe.

Um solche also so schnell als möglich zu erreichen, ging ich so wie noch einige Officiers, mit dem Königl. Preuß. Hrn. Obrist v.Wirsebizky, nebst einem Husaren-Commando ab, aber auf dem Marsch erfuhr man, daß die Armée von dort auf Nordhausen gegangen seyn solle, also dirigierte sich der Marsch dahin, und ich gelangte nebst einigen Officiers noch diesen Abend in Nordhausen an, allwo ich in der Nähe die Batterie des Capitaine von Kotsch antraf, mit welcher ich Tages darauf abging, bey selbiger war auch der Artillerie Capitaine Bonniot.

Wir, und noch einige andre Officiers marschierten über Rossla, Sangerhausen pp. nicht ohne Alarmierung des nachrückenden Feindes, und kamen den 19ten nach Erfurt, allwo wir die Neutralitaet der Chur-Fürstl. Sächs. Lande, iedoch noch nicht durch Publication, erfuhren.

Den 20ten ward die Batterie des Capitaine v.Kotsch durch ein französisches Cavallerie – Detachement, welches von der Neutralitaet nichts wußte, indem solches die Knechte und Pferde aus den Ställen holte und zum Einspannen zwang, genommen.

Tages darauf stieß das Grenadier Bataillon v.Hund zu uns, mit welchem wir nachher auf Befehl des französischen Divisions-General le Clerc in die Gegend Sömmerda marschirten, und eine, mit der des Grenadier-Bataillons v.Hund gleichlautende Capitulation abschließen mußten, worauf der Marsch über Budstedt,

Altenburg, Rochlitz, Waldheim pp. zurück ging, und ich den 3ten Novbr. in Freyberg eintraf.

Meißen den 28^n November 1806

Johann Gottfried von Hoyer
Artillerie-Capitaine

Laut dem oben angeführten Befehl, gingen 6 Canonen den Berg herab, der zu paßirende Weg war, wie schon bemerkt worden, so unwegsam und steil, daß es voraus zu sehen, daß bey dieser Retirade ein Aufenthalt eintreten würde und mußte, wie denn auch kurz vor dem Rande des Holzes das widrige Ereigniß erfolgte, daß das erste Canon an einen Holzstamm sich festfuhr, die vordern Pferde sich verwirrten, das Canon endlich dadurch umschlug, und daraus eine gänzliche Hemmung des Marsches für die ganze Colonne erwuchs, weil wegen des dicken Holzbestandes, die hintren Canons nicht ausbrechen und ihren Marsch fortsetzen konnten.

Wäre dieser Umstand auch nicht eingetreten, so liegt uns dennoch die Gewißheit zu Tage, daß dieses Geschütz doch nicht hätte gerettet werden können, indem während wir noch auf den Crèto des Berges unsere Position behaupteten, schon der übrige Teil des Corps gänzlich geschlagen war, und auf der Retirade sich befand, wir eben den Rückzug derjenigen Truppen, die durch das Dorf Schwarze gingen, noch deckten.

In eben den Augenblick, als obige Stockung des Marsches eintrat, sahen wir uns auch von einem Trupp von 3 bis 400 Tirailleurs, die sich durch den Wald und den um uns befindenden Schluchten gezogen hatten, umgeben, ein heftiges und sehr wirksames Gewehrfeuer von ihnen, tödete einen sehr großen Theil unserer Pferde und Knechte, daher denn auch, trotz aller Anstrengung von unserer Seite, eine große Verwirrung unvermeidlich war.

Der Feind drang in möglichster Schnelle ein, der größte Theil unserer Unterofficiers und Gemeinen retirirte, und da wir sahen, daß nichts mehr zu retten sey, und alle Versuche, das Geschütz noch fortzubringen fruchtlos und vergebens waren, so blieb uns nichts übrig, als uns an das retirirende Corps anzuschließen.

Wir gingen über die Brücke von Schwarze nach Rudolstadt, Orlamünde und Kahle, wo sich in dieser Nacht das Hauptquartier des Fürsten von Hohenlohe befand. Hier erhielten wir den mündlichen Befehl, sogleich über Jena nach Weimar zu gehen, um daselbst unsere versprengten und zerstreuten Soldaten zu sammeln.

Dem zu Folge trafen wir den 11ten October Mittags daselbst ein, wo wir nach mehrern eingezogenen Erkundigungen in Erfahrung brachten, daß bey Jena von der Haupt-Armée Lager geschlagen sey, wir meldeten uns dem zu Folge den 12ten bey dem General-Staab, um wieder angestellt zu werden, welches denn auch sogleich geschah.

Heinrich August von Roth
Artillerie Premier-Lieutenant

Johann Baptiste Joseph Hirsch
Sous-Lieutenant

Moritz Ludwig Weise
Stückjunker

———

Abschrift

An die Chur sächsische 4pfd. Batterie v.Hoyer

Die Batterie Hoyer wird hierduch beordert, nach beyliegender Marschroute morgen als den 7^n d. aus ihren ietzigen Quartieren aufzubrechen, und den Marsch bis Nahewinden fortzusetzen, wo sie den 10ten eintreffen soll, und weitere Befehle von des Prinzen Louis v.Preussen, Königl. Hoheit zu erwarten hat.

In der Beylage B erfolgt das Nähere über die Verpflegung der Batterie.

Jena, den 6.Octobr. 1806

Auf ausdrücklichen Befehl S^r. Durchlaucht.

v.Massenbach

———

Marschroute für die Chursächsische 4pfd. Batterie Hoyer von Berga bis Nahewinden

den	7ten Octobr. nach	Triptis
	8ten	Kahle
	9ten	Rudelstadt
	10ten	Nahewinden

In der Action bey Saalfeld am 10ten Octobr. 1806 hat bey der schweren 4pfd. Batterie nachstehende Mannschaft durch Entschloßenheit sich ausgezeichnet.

Sergeant	Friedrich Ctoph Wetzel	Capt. Semder
ag. Sergeant	Johann Gottlieb Grellmann	Maj.v.Langen
Corporal	Christian Heinrich Walther	
Corporal	Friedrich Traugott Gietzold	Capt. Kirsten
	Adolph Friedrich Reinhardt	
	Christian Wilhelm Holzapfel	
Obercanon.	Johann Christian Schady	Maj.v.Langen
	Carl Gotthelf Haußwald	
	Christian August Gleißberg	
ag. Obercan.	Johann Carl Eidner	Capt. Kirsten
Untercanon.	Friedrich August Tauscher	Maj.v.Langen
	Johann Gottlieb Köhler	
	Carl Gottfried Ehrlich	
	Johann Jorke	
	Gottlob Kempus	

Standquartier Meißen den   1806

Johann Gottfried von Hoyer
Capitaine

5.　　Quellen

Exercirreglement für die Churfürstlich Sächsische Infanterie vom Jahre 1804 – Dresden 25.01.1804

Haupstaatsarchiv Dresden
Bestand 11 339 Generalstab Akte 250
Bestand 11 339 Generalstab Akte 258
Bestand 11 339 Generalstab Akte 259
Bestand 11 340 Infanterieformationen Akte 56

Montbé – Die chursächsichen Truppen im Feldzuge 1806 – Dresden 1860

Puncte welche den Sächsischen Infanterie-Regimentern u. Grenadier-Bataillons in Ansehung der zu selbigen commandirten Artillerie-Mannschaft u. dem Geschütz zur Nachricht u. Vorschrift dienen – Dresden 28.05.1778

R.v.L. – Bericht eines Augenzeugen von dem Feldzuge … 1806 – Tübingen 1807

Stamm- und Rangliste der Chur-Sächsichen Armee für das Jahr 1806 – Dresden 1806

Zwey Kriegstagebücher vom October 1806 – in Minerva Erster Band 1807 (61.Band) – Hamburg 1807

In der Reihe:

Beiträge zur sächsischen Militärgeschichte zwischen 1793 und 1815

sind an Augenzeugenberichten und Tagebüchern bisher erschienen:

No.2 Die Berichte der sächsischen Truppen aus dem Feldzug 1806 (I) – Brigade Bevilaqua

No.21 Das Tagebuch von Ernst Ferdinand Aster aus dem Jahre 1812

No.22 Das Tagebuch von Friedrich Ernst Aster aus dem Jahre 1812

No.26 Friedrich Vollborn – Erlebtes (III) vom 28.03.1813 bis mit 15.03.1814

No.34 Friedrich Vollborn – Erlebtes (IV) vom 16.03.1814 bis mit 02.01.1816

Für weitere Informationen:

www.oberst-lieutenants-compagnie.de